S. FISCHER

REINHOLD MESSNER
DIANE MESSNER

Sinnbilder

Verzicht als Inspiration
für ein gelingendes Leben

S. FISCHER

Erschienen bei S. FISCHER

4. Auflage November 2022
© 2022 S. Fischer Verlag GmbH,
Hedderichstraße 114, D-60596 Frankfurt am Main

Satz: Fotosatz Amann, Memmingen
Druck und Bindung: GGP Media GmbH, Pößneck
Printed in Germany
ISBN 978-3-10-397169-9

Inhalt

Meine Religion ist es,
ohne Bedauern zu leben
und zu sterben.

Milarepa

»Im Gebirge der Wahrheit kletterst du nie umsonst: entweder du kommst schon heute weiter hinauf, oder du übst deine Kräfte, um morgen höher steigen zu können.«

Friedrich Nietzsche

1   Kinderarbeit

Helmut, mein älterer Bruder, und ich, sollten im Mühlerbach von St. Peter Brennholz holen für den Winter. Vater hatte zwei »Begen« gebastelt – zwei Stangen, auf die im hinteren Bereich eine stuhlgroße Kiste genagelt war. Im Wald sollten wir trockene Äste und Fichtenzapfen sammeln, in die Kiste werfen und diese nach Hause ziehen. So wie einst die Ureinwohner Nordamerikas ihre Habe transportiert haben.

Beim ersten Mal fanden wir Spaß an der Aufgabe. Die wenigen Dorfbewohner, die uns entgegenkamen, drehten sich nach uns um, staunten offensichtlich über unser Transportmittel, nicht aber über uns Knirpse beim Holzholen, taten das doch andere auch. Jeder von uns beiden zog – zwischen die zwei Holzstangen gespannt – seinen leeren Behälter über die Schotterstraße bis zur Brücke beim Schmied, wo wir in den Waldweg einbogen und hintereinander bergauf gingen.

Je steiler der Weg wurde, desto anstrengender war unsere Arbeit. Immer wieder blieben wir stehen, um zu rasten. Dabei war das leise Rauschen der Baumkronen im Wind zu hören, das Knacken von Ästen, wenn ein Eich-

St. Magdalena mit Geislerspitzen

hörnchen sich vor uns versteckte, und das ferne Plätschern des Baches, der links tief unter uns zu hören war.

Im Wald war es kühler als auf der Dorfstraße, auch dunkler.

Wir Brüder gingen damals noch nicht zur Schule, kannten uns aber gut aus auf den umliegenden Gehöften und in den Wäldern, die an der Schattseite des engen Tales fast bis zum Talgrund reichten, wo unser Haus stand. Im Winter traf wochenlang kein Sonnenstrahl unsere Wohnung, die im zweiten Stock eines gemauerten Hauses lag.

In der kalten Jahreszeit wurde nur die Wohnküche beheizt, mit dem Herd, auf dem die Mutter auch die sechs warmen Monate über kochte. In allen anderen Zimmern gab es keine Öfen. Nachts bildeten sich Eisblumen am

Schulausflug! Reinhold in der Mitte

Fenster unseres Bubenzimmers, die jeden Morgen andere Ornamente zeigten.

Jahr für Jahr sammelten Helmut und ich im Herbst regelmäßig Äste und trockene Fichtenzapfen. Wir zogen unsere Lasten dann nach Hause, wo sie als Brennholz in einem eigenen Schuppen gelagert wurden. Natürlich reichte unsere Arbeit, die wir immer weniger als Spaß und immer mehr als Pflicht empfanden, nicht, um die langen Wintermonate über eine warme Stube zu haben. Vater kaufte geschnittenes Brennholz zu, und wir Buben lernten, es mit dem Beil zu spalten. Auch dieses Holzmachen gehörte zu unserer Arbeit – niemals haben wir es als Kinderarbeit empfunden. Es war notwendig, also sinnvoll.

Niemand im Dorf nahm Anstoß daran, dass die Bauernkinder arbeiten mussten. Es war selbstverständlich, den

Begriff Kinderarbeit gab es nicht. Alle Kinder im Tal hatten ihre Aufgaben, denen sie sich nicht verweigerten. Brennholz für den Winter war eine Lebensnotwendigkeit, von Nutzen also, und damit waren die Aufgaben, die man uns übertrug, zwar weniger aufregend als das Spielen auf der Dorfstraße, aber zu erledigen. Ich habe nie damit gehadert, eine Kindheit voller Arbeit erlebt zu haben.

2   Verantwortung

Mein Vater, bäuerlicher Abstammung, war Lehrer im Dorf, nebenbei betrieb er eine Kleintierzucht: zuerst waren es Angorakaninchen, später Hühner.

Wir Kinder lernten, sie zu füttern und zu schlachten. Es kostete mich Überwindung, einem Kaninchen das Fell abzuziehen. Als Braten am Sonntag schmeckte sein Fleisch trotzdem. Nützlichkeit und Sinnhaftigkeit waren eins, ich sah keinen Widerspruch in dem, was wir taten.

Als die Kaninchenzucht aufgegeben worden war, wuchs die Geflügelzucht: Stallungen wurden gebaut, Brutkästen angeschafft. Jedes Kind – wir sollten zuletzt neun sein, vier Buben, ein Mädchen und wieder vier Buben – hatte eine ganz bestimmte Aufgabe zu erledigen und Verantwortung zu tragen: für einen Hühnerstall – Eierlese, entmisten, füttern – und gleichzeitig für die Familie. Alle neun haben wir das Eigene zum Gemeinsamen gemacht, ganz selbstverständlich.

Mein Vater hätte allein mit seinem Lehrergehalt die wachsende Kinderschar weder ernähren noch allen Kindern eine Ausbildung finanzieren können. Unsere Mitarbeit war notwendig: Wie viele tausend Hähnchen habe ich als Schüler und Oberschüler geschlachtet, gerupft und aus-

Reinhold 2. von links, Günther 3. von links

getragen zu den Gasthöfen der Umgebung, wo sie dann auf die Teller kamen? Ich weiß es nicht. Ich weiß aber, dass unsere Eltern mit dem Verkauf von Küken und Legehennen uns Kindern die Voraussetzung für ein gelingendes Leben schafften. Fast alle haben eine akademische Ausbildung genossen: Helmut als Pädagoge, Günther als Bankkaufmann, Erich als Veterinär, Waltraud als Kindergärtnerin, Siegfried als Biologe, Hubert als Arzt, der im Krankenhaus in Bozen die Frühgeburtenabteilung aufgebaut hat, Hansjörg als Psychotherapeut und Werner, der Jüngste, als Mathematiker und Computerspezialist. Nur ich habe mein Studium abgebrochen und blieb ein Leben lang einer der »Eroberer des Nutzlosen«. Und gerade weil das Klettern in den großen Wänden der Dolomiten oder das Besteigen der Achttausender nicht notwendig ist, gab ich meinem Tun einen

16

Mutter Maria Messner vor Hühnerstall

individuellen Sinn, indem ich die Hilfsmittel dabei beschränkte.

Bis zum Abitur hatte es bei Günther und mir, die wir
früh schon eine extreme Kletterseilschaft bildeten, nie
Zweifel an unserem Lebensweg gegeben. Das bürgerliche

Helmut und Reinhold bei den Kaninchen

Dasein, das für uns bestimmt war, blieb auch für die Zukunft eine Art Pflicht.

Erst mit der Erkenntnis, dass Nützlichkeit und Sinnhaftigkeit zwei völlig verschiedene Werte sind, veränderte sich
mein Blick auf die Welt. Das selbstbestimmte Leben wurde
mein Ideal und die Eigenverantwortung Pflicht. Später kam
die Verantwortung für mein Spielfeld, meine Familie und
die Welt dazu.

Was wir als Kinder gelernt hatten – Energie zu sparen,
keine Essensreste wegzuwerfen, alles zu reparieren, was
brauchbar war – blieb uns ein Leben lang als Selbstver-
pflichtung haften. Wir lebten nachhaltig, ohne den Wert
Nachhaltigkeit definieren zu können. Noch nicht einmal
das Wort gab es.

Es heißt, meine Generation sei räuberisch mit den Ressourcen dieser Welt umgegangen und hätte sie den nächsten Generationen, die jetzt vom Reichtum dieser Ausbeutung profitieren, kaputt hinterlassen. Es ist richtig, die globale Erwärmung, die Verseuchung der Meere, der Klimawandel sind Folgen menschlichen Verhaltens, das lange Zeit nicht hinterfragt wurde. Mit hemmungslosem Konsum aber wird eine Wegwerfgesellschaft die Probleme nicht lösen können.

3   Verbannung

Einige Sommer verbrachte ich mit meinem Bruder Erich auf dem Braunhof in Lengstein am Ritten. »Vetter Luis«, damals unverheiratet, und seine beiden Schwestern, Moidl und Liesl, führten den Hof auf traditionelle Weise. Sie bauten alles an, was sie zum Leben brauchten, auch Wein für den Eigenverzehr.

Wir Buben führten beim Pflügen die Ochsen, halfen im Weinberg oder holten Laub als Grünfutter von den Eschen. Auch das Hüten der Jungtiere gehörte zu unseren Aufgaben.

Der Braunhof liegt dem Schlern, Südtirols Symbolberg, gegenüber auf der Hochfläche des Ritten. Tief unten im Tal wurde gerade an der Brenner-Autobahn gebaut, und hoch über Lengstein ist das Rittner Horn, ein flacher, über die Waldgrenze aufragender Kegel, die ideale Sommerweide für Pferde, Ochsen und Jungvieh.

Erich, damals schon interessiert an der Landwirtschaft – er ist später Tierarzt geworden –, kannte sich bald schon mit allem aus, was zu einem Bergbauernhof gehört und war begeistert bei der Sache.

Ich hingegen fühlte mich wie in der Verbannung. Sehnsüchtig starrte ich oft hinüber zum Schlern, auf die andere

Günther und Reinhold im Hühnerhof

Talseite, wo ich mir mögliche Aufstiegswege vorstellte: an der Santnerspitze, am Euringerturm oder den breiten Südwesthängen des massiven Bergstocks. Auch Erich kletterte damals viel, und wir träumten oft gemeinsam von Touren, die wir, zurück im Villnösstal, an den Geislerspitzen wagen

Peitlerkofel / Dolomiten

wollten. Dort hatten wir mit dem Klettern angefangen, dort kannten wir uns aus.

Diese Tagträume beflügelten meine Fantasie, und ich kam voller Tatendrang zurück aus der Verbannung, um wenig später – fürs Bergsteigen blieb keine Zeit mehr – in die Oberschule zu wechseln.

Schulausflug: Reinhold ganz rechts

Heute kann ich gut nachvollziehen, warum meine Eltern sich wegen meiner Kletterleidenschaft Sorgen machten und mich aus dem Reich meiner Träume heraushielten. Aber sie bedachten nicht, dass Verbote nicht in der Lage sein würden, meinen Freiheitsdrang zu ersticken. Denn als Vorbereitung für große Abenteuer braucht es weder viele Mittel noch viel Zeit, es ist die Sehnsucht, die uns überall hinträgt. Auch ohne Flügel.

4 Einfach Klettern

Unsere frühen Klettertouren begannen im Tal. Oft noch vor dem Morgengrauen gingen wir von zu Hause los. Auto oder Motorrad hatten wir damals nicht, und die Fahrräder bis ans Talende zu schieben, wäre anstrengender gewesen, als die Strecke am Abend zu Fuß wieder zurückzugehen.

Beim Aufstieg vom Holzlagerplatz nach Weißbrunn standen die ersten Zirbelbäume, die nach oben hin immer mehr wurden und die Lärchen und Fichten verdrängten. Zirbenhäher waren zu hören, Eichhörnchen raschelten auf dem Waldboden, und über den Baumkronen färbte sich der Dolomitenfels rötlich.

Die Kleine Fermeda kletterten wir damals meist von Norden, aus einer Schlucht über eine schmale Scharte zum Südwestgrat. Wir mussten deshalb vom Steig zur Brogles-Alm bis über den Latschengürtel steigen, um das Kar zu erreichen, über das wir – anstrengend jetzt – zum Einstieg kamen.

Die Schlüsselstelle, ein enger Kamin, kam gleich zu Beginn. Der Fels war dort nass und schlüpfrig, wir gingen am Seil. Bis wir auf die große Rampe kamen, über der sich

Reinhold als »Bergführer«

senkrecht, ja teilweise überhängend, die Westwand auf-
baute. Unvorstellbar steil – ob jemand über diese gelbe
Wand klettern könnte?

Rechts davon, über trockenen Fels, stiegen wir dann
zum Gipfel. Anfangs war Vater dabei, der diesen »Villnös-

Vater Sepp Messner in den dreißiger Jahren

ser Weg« in seiner Jugendzeit gefunden hatte, später waren wir meist zu zweit, manchmal auch zu viert. In ähnlicher Konstellation kletterten wir auch an der Südseite der Fermedatürme, wobei es jedes Mal galt, über die Panascharte nach Cisles, auf die Almböden oberhalb von St. Christina im Grödental, zu wechseln.

In unserer Kindheit wurde jede Tour zum Abenteuer: Große-Fermeda-Ostwand, Cisles-Odla-Südostkante, Sass-di-Mesdì-Südwand. Es war die Wegsuche – Auf- wie Abstieg –, weniger die Gefahr, die uns in einen Zustand erhöhter Aufmerksamkeit führte. Vorsichtig, Tritt für Tritt, den grauen Fels Griff für Griff auf seine Festigkeit prüfend, stiegen wir immer höher hinauf und immer tiefer ins Gebirge hinein. Das Ausgesetztsein, ganz auf uns selbst gestellt, machte jede dieser Klettertouren zu einem existenziellen

Erlebnis. Es kostete nichts, schenkte uns aber Selbstsicherheit und Erfahrung. Im Umgang mit dem Seil und vor allem mit uns selbst wurden wir Jahr für Jahr bessere Felskletterer.

Eine kostspielige Kletterausrüstung hätten wir uns damals nicht kaufen können. Mit dem zurechtzukommen, was wir hatten, war eine Selbstverständlichkeit. Beklagt habe ich mich darüber nicht, auch benachteiligt fühlte ich mich dadurch nicht. Im Gegenteil, der Mangel ließ mich kreativ werden und mich meinen eigenen Weg finden. Später wurde eine Methode daraus: nicht auf immer mehr, sondern auf die Reduktion von Kletterausrüstung zu setzen. Im Verzicht entwickelte ich mein Erfolgsmodell.

5   Selbstwert

Spätestens seit der Oberschule habe ich mein Leben in zwei Teile geteilt: hier die Schule, die Pflicht – dort das Bergsteigen, meine Leidenschaft. Da wir nicht vermögend waren, galt es einen Brotberuf zu erlernen, vom Klettern, wusste ich, kann man nicht leben.

Ich besuchte damals die Oberschule für Geometer in Bozen, wohnte im Heim und kletterte an den Wochenenden. Meist mit meinem Bruder Günther, der die Handelsoberschule besuchte und im gleichen Heim untergebracht war. Nur in den Ferien – Weihnachten, Ostern, die Sommermonate über – lebten wir bei den Eltern in Villnöss.

Günther und mir waren schon einige größere Touren in den Dolomiten gelungen, und wir träumten davon, die »drei Nordwände der Alpen« – die von Eiger, Matterhorn und Walkerpfeiler – zu klettern. Nach dem Abitur vielleicht?

Es war im letzten Schuljahr, ein paar Monate vor dem Abitur, als mir mein Lehrmeister Sepp Mayerl anbot, mit ihm und Peter Habeler die Matterhorn-Nordwand über die Bonatti-Route zu wagen: »Mitten im Winter, zweite Begehung.« Walter Bonatti, der wohl beste Bergsteiger seiner

Reinhold als Langläufer

Zeit, hatte sie im Winter zuvor, 1965, erstmals durchstiegen. In vier Tagen.

Ich sagte zu. Wir fuhren nach Zermatt, stiegen zur Hörnlihütte auf und anderntags in die Wand ein. Es war

Klassenfoto: Reinhold ganz links

sehr kalt, dazu lag feiner Pulverschnee auf den abschüssi-
gen Platten. In Wandmitte, nach einem ersten Biwak im
Engelsquergang, überraschte uns ein Wettersturz. Rückzug! Das Abseilmanöver unter Lawinengefahr, der Abstieg
ins Tal – alles ging sehr langsam.

Eine Woche war vergangen, als ich in meine Klasse zu-
rückkam, die ich ohne Entschuldigung nicht mehr hätte
besuchen dürfen. Vorsichtshalber aber hatte ich beim Direktor ein ärztliches Zeugnis abgegeben – »Bettruhe wegen
angefrorener Zehen« – und war stillschweigend zu meinen
Schulkameraden zurückgekehrt, in mein anderes Leben.

Ich hielt meine beiden Leben damals strikt auseinander:
zuerst die Schule, dann das Abenteuer; hier die Klassen-
kameraden, dort die Bergkameraden.

Unser Klassenlehrer aber, der die erste Stunde – Deutsch –
nach meinem zu langen Ausbleiben bestritt, forderte mich

auf, von meinem »Abenteuer« vor den Mitschülern zu erzählen. Ich weigerte mich. Er ließ den Direktor kommen. Dieser aber hatte meine Absenz schon entschuldigt und ging wieder. Mein Deutschlehrer aber, vielleicht um sein Gesicht zu wahren, schrieb trotzdem eine Verwarnung in mein Betragensheft, die meine Eltern unterschreiben sollten. Ich nahm das Heft an mich, ging zurück auf meinen Platz, unterschrieb und legte es dem überraschten Lehrer wieder vor.

Ich war volljährig geworden und, obwohl an der Matterhorn-Nordwand gescheitert, selbstbewusst genug, dem Lehrer zu widersprechen, meine Selbstmächtigkeit zu zeigen. Es war mir unangenehm, vor der Klasse von meiner Leidenschaft für die Berge zu schwärmen, also tat ich es nicht. Ich ahnte es damals nicht, aber Widerständen trotzend fand ich meinen Weg.

Aus dieser Geschichte erwuchs eine monatelange Auseinandersetzung, die andere Lehrer zuletzt mitschürten. Ich verlor die Lust am Lernen, mied die Schule, fiel durchs Abitur, unsere Matura. Trotzdem trat ich im Herbst zur Nachprüfung an, nachdem ich erst Stunden vorher vom Walkerpfeiler im Montblanc-Massiv zurückgekehrt war, den wir bei völliger Vereisung durchstiegen hatten. Mein Gesicht sonnenverbrannt, die Hände vernarbt. Mein Lehrer fragte:»Sie waren schon wieder beim Klettern?« – »Warum nicht?«, sagte ich nur und verlor: nicht bestanden! Gewonnen aber hatte die andere Hälfte meines Ichs – die Selbstmächtigkeit, mein Leben zu wagen. War der Walkerpfeiler an den Grandes Jorasses damals nicht eine der größten Klettereien in den Alpen? 1200 Meter hoch, extrem schwierige Granitkletterei, großflächige Vereisung!

6   Kinderbetreuung

Wir waren also eine Großfamilie, wie damals in Südtirol üblich: vier Buben, ein Mädchen, vier Buben. Ich war nach Helmut der Zweitälteste, und Günther, mein Partner bei späteren Extremklettereien, der dritte in der Reihe.

Bei uns zu Hause war es selbstverständlich, dass wir älteren Brüder auf die jüngeren Geschwister aufpassten: beim Spielen, beim Rodeln auf der Dorfstraße, beim Klettern. Später auch beim Wechsel ins Erwachsenenleben. Dabei kam es des Öfteren zu prekären Situationen.

Als Günther und ich in den Gipfelseillängen der Livanos-Route am Heiligkreuzkofel hingen – unter uns 600 Meter Überhang, eine Serie von dachartigen Überhängen –, stand Helmut am Fuß der Wand und schrie sich die Seele aus dem Leib: Ich solle schnellstens absteigen, um mich im allerletzten Moment an der Universität Padua zu inskribieren.

Günther und ich waren seit zwei Tagen in der Wand, die wie ein Bollwerk gelb und senkrecht über dem Gadertal aufragt. Sie zählte damals zu den schwierigsten Klettereien in den Alpen, und wir Brüder waren stolz, die zweite Begehung des gesamten Wandabbruchs geschafft zu haben. Die

Rufe des großen Bruders hörten wir nicht. Wir saßen am Gipfel, klopften die krummen Haken zurecht, die wir am nächsten Wochenende wieder irgendwo einsetzen würden. Wir kletterten, wo immer möglich, frei, die Standplätze aber wählten wir sorgsam und sicherten sie doppelt und dreifach ab.

Ich kam trotzdem rechtzeitig nach Padua, wo ich ab Herbst 1967 Hoch- und Tiefbau studierte. Mein Selbstwertgefühl aber zog ich mehr aus extremen Bergtouren als aus abgelegten Prüfungen.

Ein Jahr später wagte ich mit Konrad Renzler, einem älteren Bergsteiger aus dem Pustertal, den Versuch, eine neue Route an der Südwand der Marmolada zu finden. Es gibt eine Ideallinie zwischen Punta Penia und Punta di Rocca, der wir folgen wollten. Mit einem Minimum an Felshaken und dem Verzicht auf Bohrhaken. Wir nahmen solche Hilfen, die das Unmögliche ausschalten würden,

Mit Sepp Mayerl und Heindl

nicht einmal mit. Der Wert einer Neutour war umso höher, je weniger technische Hilfen ich dabei einsetzte. Es gilt heute noch: Stil hat mit Reduktion zu tun, mit Weglassen, freiwilliger Beschränkung.

Meine Mutter hatte mir Hubert zur Betreuung mitgegeben, wir waren zu dritt zur Biwakschachtel am Wandfuß aufgestiegen. Am Morgen, beim Aufbruch, erklärte ich dem neun Jahre jüngeren Bruder, wo Konrad und ich aufsteigen und wo wir nach ein oder zwei Tagen zurückkommen würden. Bald aber überraschte uns ein Wettersturz, mit Hagel, Blitz und Donner. Konrad und ich hatten ein sicheres Plätzchen unter einer überhängenden Wand bezogen und machten uns Sorgen um Hubert, der allein in der Biwakschachtel zurückgeblieben war. Das Krachen und Rollen der Donnerschläge erschütterte die Luft und den Fels, auch Huberts winzige Behausung. Es war oft, als ob der ganze Berg erzitterte. Hubert konnte sich nicht vorstellen, dass wir bei diesem Unwetter mitten in der 700 Meter hohen Felswand überleben könnten. Mehrfach hatte er den Fuß der Wand nach unseren Leichen abgesucht, bevor wir anderntags wieder bei ihm auftauchten. Nach gelungener Erstbegehung!

Als ich, wieder ein Jahr später, in Villnöss aufbrach, um – ganz im Geheimen – die Philipp-Verschneidung an der Civetta-Wand solo zu klettern, sollte ich unseren Jüngsten – Werner – mitnehmen. Nach einer Nacht, die wir auf der Tissi-Hütte verbrachten, ging ich also allein los. Werner war noch ein Kind und sollte, wenn ich nach Stunden am Ausstieg wäre, zur Coldai-Hütte kommen, an der wir am Abend zuvor vorbeigekommen waren. Und wie konnte er wissen, wann es Zeit war, von der Tissi-Hütte aufzubrechen? – »Der Hüttenwirt wird es dir sagen.«

Mitten in der Wand aber fielen Nebel ein, es begann zu regnen, in der Ausstiegsschlucht fiel Schnee. Werner bekam vom Hüttenwirt keinen Wink zum Aufbruch, irgendwann schlich er sich davon. Allein, im Regen – er hoffte, dass ich es geschafft hätte – kam er zum Treffpunkt.

Er hockte beschämt in einer Ecke der Wirtsstube, als ich durchnässt und stolz hineinstürmte. Wir erzählten kaum etwas, die anderen Gäste sollten von meinem kühnsten Sologang nichts wissen. Werner und ich verstanden einander ohne Worte, und ich bestellte ein Abendessen für uns beide. Erst jetzt wurde mir klar, welche Angst mein Bruder gehabt haben musste.

7   Große Wände

Mit dem Erwachsenwerden wuchsen auch unsere Ziele. Als Bergsteiger sahen wir jetzt die höchsten Wände in den Dolomiten als unsere Herausforderungen. In der Pelmo-Nordwand geriet ich dabei mit Günther in einen Wettersturz, der uns beinahe das Leben gekostet hätte. Nach einem ersten Sturm mit Regen und Graupel, den wir in einer Felsnische ausgesessen hatten, kletterten wir weiter, weil ein Rückzug in Wasserfällen und unter Steinschlag noch gefährlicher gewesen wäre.

In der Gipfelwand schneite es dann so stark, dass die Orientierung abhanden kam, die Nacht überraschte uns zu früh, jedenfalls früher als gedacht. Es blitzte unentwegt, und jeder Donner ließ unsere Welt erzittern. Mit bloßen Händen räumte ich den Schnee von Leisten und Griffen, um Halt zu haben. Der Fels war zu schwierig, um ihn mit Handschuhen zu erklettern. Günther, der am Standplatz sicherte, fror bis in die Knochen.

Im Licht der Blitze erreichten wir den Gipfel, mitten in der Nacht stiegen wir über die Südseite ab und kehrten in den Morgenstunden zur Hütte, von der wir 24 Stunden zuvor aufgebrochen waren, zurück. Unsere Kleidung, die

Seile, die Rucksäcke – alles nass und schwer. Wir hatten aber nichts zurücklassen müssen, hatten wir doch beim Aufbruch nur das Allernötigste in die Wand mitgenommen.

Ein paar Jahre später, als wir die höchste aller Dolomiten-Wände angingen, waren wir zu dritt: Heini Holzer aus Schenna bei Meran, Günther und ich. Wieder überraschte uns ein Wettersturz, mitten in der Wand, noch vor den Hauptschwierigkeiten.

Wir saßen auf einem geräumigen Band, als es zu hageln begann, und es dauerte keine zehn Minuten, bis Blitz und Donner unsere kleine Welt in ein Inferno verwandelten. Von oben stürzten Rinnsale über eine fast senkrechte Plattenwand, Hagelkörner stauten sich unter unserem Biwaksack, schon waren erste Steine zu hören, die irgendwo über uns einschlugen.

Wir haderten nicht lange mit dem Schicksal. Stattdessen seilten wir uns in jenem Kamin ab, den wir am Abend zuvor durchklettert hatten. Am Doppelseil gesichert, verkrochen wir uns ganz hinten unter einem Überhang. Trocken blieben wir auch dort nicht, aber vor Steinschlag waren wir jetzt geschützt.

Am Morgen war das Wetter wieder gut. Graue Schlieren zogen über den Himmel, und die steilen Platten über uns glänzten in der Morgensonne wie Wellenkämme im schrägen Licht.

Selten hat mich der Rhythmus des Kletterns so getragen wie beim Emporsteigen in der zweiten Hälfte der Agnèr-Nordostwand. Es war eine Erstbegehung ohne Vergleich, ganz nach meinem Geschmack, die Aufstiegsroute wie eine

gezeichnete Linie vorgegeben, markiert durch hervortre-
tende Griffe und Tritte. Seillänge um Seillänge kamen wir
höher, ehe uns ein letzter Überhang den Weiterweg ver-
sperrte. Ein paar Felshaken, in eine feine Ritze getrieben,

halfen über das Hindernis hinweg. Darüber nur noch Schrofengelände und der tiefblaue Himmel, zweitausend Höhenmeter tiefer das Tal von San Lucano, wo wir aufgebrochen waren. Es braucht wenig, um tiefe Dankbarkeit zu spüren, am Leben zu sein: Im Hier und Jetzt, nach gelungener Erstbegehung, nach einer mit fast nichts umgesetzten bergsteigerischen Idee.

8   Beinahe tot

Z wei Jahre später war mein Bruder tot. Verschüttet von einer Lawine am Nanga Parbat.

Wir hatten, getrennt vom letzten Lager in der Rupalwand aufbrechend, beide im Alleingang die Schlüsselstelle in der Merkl-Rinne geklettert, den Gipfel gemeinsam erreicht. Da Günther erste Symptome von Höhenkrankheit zeigte und uns oben niemand helfen konnte, sahen wir uns gezwungen, über die Gegenseite des Berges abzusteigen.

In der Sorge um meinen Bruder und dem Gefühl des absoluten Ausgesetztseins erfuhr ich an der Merkl-Scharte eine erste Nahtoderfahrung. Ich sah mich von außen. Später kamen Halluzinationen dazu.

Es war nicht der Mangel an Proviant, Ausrüstung oder Kenntnis über die Diamir-Flanke, der uns beim Abstieg in die Verzweiflung trieb, es war zuerst das White-out. Kurz nachdem wir an der Merkl-Scharte, wo wir ein erstes Biwak bezogen hatten, begonnen hatten, abwärtszusteigen, begann es aus leichtem Gewölk zu schneien. Die Nebel waberten nach oben, und unsere Sicht schrumpfte. Bis alles unter uns zu einem Nichts verschwamm: der Boden unter unse-

Reinhold nach der Nanga-Tragödie

ren Füßen, die Orientierung, unsere letzte Hoffnung, alles dahin und weg.

Dann verzogen sich die Nebel so schnell, wie sie gekommen waren, und wir fanden den Weg nach unten. Ich, immer voraus, um Günther Gegenanstiege zu ersparen, war im Spaltengelände bemüht, einen Ausweg aus dem Chaos aus Löchern und Moränen zu suchen, als er nicht mehr nachkam.

Genarrt von der Ratio – »der Bruder ist tot!« – und dem Gefühl – »der Bruder ist in der Nähe!« – stolperte ich tagelang talwärts, aufgemuntert von Reitern, Helfern und anderen Halluzinationen, die mir entgegenkamen. Sie alle entpuppten sich nach und nach als Sträucher oder freistehende Felsen. Niemand konnte wissen, wohin Günther und ich abgestiegen waren, also konnte auch niemand im richtigen Tal nach uns suchen. Es waren zuletzt Einheimische aus dem Diamir-Tal, die mir das Leben gerettet haben, und drei von ihnen sollten es sein, die meinen Bruder 35 Jahre später auf dem Toteisgletscher im Diamir-Tal fanden. Mit dem Gletscherfluss ist er 3,5 Kilometer talwärts getragen worden. Seine Überreste sind, auf einer Fläche so groß wie eine Wohnküche verteilt, wieder aufgetaucht.

Zwei Jahre nach der Nanga-Tragödie, am Manaslu, sind zwei Expeditionskameraden – Franz Jäger und Andi Schlick – am Gipfelplateau in einem Schneesturm verloren gegangen. Ich hatte mich im letzten Augenblick aus dem White-out ins Zelt gerettet, Horst Fankhauser blieb auf der Suche nach den beiden Kameraden eine ganze Nacht lang im Freien, überlebte nur dank seiner Erfahrung und einer außergewöhnlichen starken Konstitution.

Nach diesen beiden Tragödien an Achttausendern – Nanga Parbat und Manaslu – wurde mir bewusst, dass

Günther in den Dolomiten

meine Art des Höhenbergsteigens – schwierige Routen, kaum Rückendeckung – nicht zu verantworten ist. Allein durfte ich es vielleicht wagen, weil dabei die Verantwortung für andere wegfiel. Zum Verzicht auf einen Partner beim

Unterwegssein gehörte aber mehr als zum Verzicht auf Felshaken. War ich fähig dazu? Noch nicht.

Als ich acht Jahre später allein zum Nordsattel am Mount Everest aufstieg, fiel ich – noch bei Dunkelheit – in eine Gletscherspalte. Ich hatte mich nicht verletzt, fand einen Weg zurück an die Oberfläche und stieg weiter, obwohl ich mir im Inneren des Berges, in seinen Gedärmen, geschworen hatte aufzugeben, wenn ich es zurück an die Absturzstelle schaffen würde.

Aber nicht der Verzicht auf das extreme Bergsteigen selbst, sondern das immer radikalere Weglassen von Hilfen – Träger, Funkverbindung, Lager, Fixseilketten, Partner, Sauerstoffgeräte – brachte mich weiter. Meine Expeditionen waren leicht, schnell und kostengünstig. Auch ökologisch sauber, weil kaum Müll zurückblieb.

9   Endlichkeit

Günther und ich waren über ein Jahrzehnt lang ohne Unfall zusammen geklettert. Dabei entwickelten wir ein Gefühl der Unverwundbarkeit, ich nannte es den »Jung-Siegfried«-Status.

Andere – auch Kletterkameraden, mit denen wir zwischendurch unterwegs gewesen waren –, kamen am Berg ums Leben. Aber immer nur, wenn wir nicht zusammen kletterten. Damit entstand zwar kein Gefühl von Unsterblichkeit, doch eines von Unverletzlichkeit – Übermensch-Fantasien?

Das Wissen, dass andere beim Bergsteigen sterben, nur wir nicht, hatte nur insofern mit einem Gefühl der Unsterblichkeit zu tun, als es unser Begrenztsein ausblendete. Jede neue gelungene Bergtour war eine Bestätigung, davonzukommen für alle Zukunft. Diese unbegrenzte Hoffnung beflügelte uns, und wir wagten immer mehr. Nein, wir waren nicht bergsüchtig, wir waren hungrig nach Freiraum, gelingendem Leben – was am Ende an monetärem Erfolg herauskommen würde, interessierte uns nicht.

Heute, im Rückblick, sind diese Jahre in der Senkrechten mit starken Erinnerungen gefüllt. Ich könnte einige Kletterpassagen im Detail beschreiben, vor allem die Verrenkungen und Kraftakte, die notwendig waren, um nicht aus der Wand zu fallen.

Alles ging gut, bis zu dem Augenblick, als Günther verschwand. Wenn ich heute unter der Peitlerkofel-Nordwand vorbeigehe oder vom Würzjoch zu den Blockhütten steige, in denen wir damals genächtigt haben, oder zu den Boulderfelsen spaziere, die zwischen Wald und Kar liegen und wo wir trainiert haben, hängen Günther und ich immer noch hoch oben in der Wand, unterm Dachüberhang hinaus in die vertikale Gipfelwand. Günther ist dann wieder da, ganz nah, so jung wie er damals war. Ich hingegen versuche, mich meinem Alter zu stellen, eine größere Aufgabe als die Herausforderungen aller früheren Lebensphasen. Wenigstens der Verzicht fällt mir inzwischen leichter denn je.

10   Neues wagen

Im Krankenhaus in Innsbruck wurden mir im Spätsommer 1970 sieben Zehen und drei Fingerkuppen amputiert. Sie waren beim Abstieg vom Nanga-Parbat-Gipfel dritten Grades erfroren und nicht mehr zu retten gewesen. Obwohl mich der Expeditionsleiter Karl Maria Herrligkoffer schon auf dem Heimweg gewarnt hatte, dass ich nie mehr extrem klettern können würde, blendete ich derartige Sorgen vorerst aus. Der Verlust des Bruders, die Trauer der Eltern und Geschwister sowie meine Schuldgefühle beherrschten mein Dasein.

Ob es eine Zukunft als Bergsteiger geben würde, war vorerst ohne Bedeutung. Wenigstens für mich. Mein gesamtes Umfeld aber war sich einig: Ich würde an die Universität zurückkehren, mein Studium abschließen und meine Leidenschaft für das Bergsteigen abstreifen.

Im Herbst 1970, ohne Geldmittel, schrieb ich mich wieder an der Universität in Padua – Hoch- und Tiefbau – ein und übernahm gleichzeitig einen Lehrauftrag – Mathematik und Naturkunde – an der Mittelschule von Eppan in Südtirol. So hatte ich einen Brotberuf und eine vage Vorstellung von einem bürgerlichen Leben in der Zukunft.

Ende Januar 1971 kündigte ich dann meine Stelle als
Supplent an der Mittelschule, löste anschließend meine
Bleibe in Padua auf und begann für Beppe Tenti, der in
Turin eine Trekking-Agentur eröffnet hatte, Reisegruppen

in entlegene Berggebiete zu führen: zum Demawend in Persien, nach Nepal, nach Neuguinea zur Carstensz-Pyramide. Auf der Rückreise traf ich mich in Karachi mit meiner Lebenspartnerin Uschi Demeter. Wir reisten gemeinsam zum Nanga Parbat. Ich hoffte, im obersten Diamir-Tal meinen Bruder zu finden.

Ich fand meinen Bruder nicht. Dennoch träumte ich von neuen Grenzgängen. Ich hatte inzwischen einen Siebentausender bestiegen, Klettertouren in Neuguinea gemeistert und die Nahtoderfahrungen am Nanga Parbat nachempfunden. Ich konnte zwar nicht mehr so sicher felsklettern wie vor der Tragödie, für die großen klassischen Touren reichte mein Kletterkönnen aber immer noch. Das Steigen in großer Höhe, mit plumpen, isolierten Schuhen, war etwas anderes als das Klettern in einer senkrechen Dolomitenwand, wo inzwischen leichte Schuhe Mode geworden waren, die ich wegen der Amputationen nicht tragen konnte.

Nach Führungstouren zum Mount Kenya in Ostafrika und zum Noshaq im Hindukusch gab ich meinen Job als »Expeditionsleiter« auf und wurde Höhenbergsteiger. Eine Gipfelbesteigung war für mich kein Produkt, das im Reisebüro angeboten wird, ihr Zweck war das Abenteuer zwischen Aufbruch und Heimkommen. Es brauchte nicht viel dafür: ein paar gleichgesinnte Kameraden, ein paar Monate Zeit und die Bereitschaft, mit dem Allernötigsten auszukommen. So entging ich der Entzauberung der Gebirge durch Gruppenreisen, bestieg im April 1972 mit der Tiroler Himalaja-Expedition den Manaslu und war trotz einer erneuten Tragödie – Franz Jäger und Andi Schlick starben

im Sturm im White-out – in meinem zweiten Leben angekommen.

Als Buchautor, mit Vorträgen und Fotos finanzierte ich
meine Reisen und als Freelancer mein Leben. Wenn ich die
Hälfte des Jahres unterwegs sein wollte, musste ich in den
anderen sechs Monaten fleißig sein und sparen. Meine
Balance hieß allerdings nicht Work/Live, mein Anspruch
war nicht halb Pflicht, halb Spaß. Für mich war immer der
ganze Einsatz erforderlich, um zurechtzukommen.

11   Verzicht als Stil

Mit der gelungenen Besteigung des Gasherbrum I im Karakorum zusammen mit Peter Habeler – der Achttausender wird auch Hidden Peak genannt –, hatte ich endgültig meinen Stil gefunden. Die Expedition beschränkte sich auf zweihundert Kilogramm Gepäck, zehn Träger bis ins Basislager und brauchte keine weiteren Hilfen.

Wir bauten keine Lager auf, legten keine Fixseilketten und durchstiegen erstmals die steile, zweitausend Meter hohe Nordwestwand. In drei Tagen. Nachdem wir uns beim Anmarsch und anschließend zwei Wochen lang im Basislager akklimatisiert hatten. Es war die zweite Besteigung des Berges. Wir waren in der Wand völlig auf uns allein gestellt gewesen.

In diesem Stil, ahnte ich, wäre auch die Besteigung des Mount Everest, mit 8850 Metern Höhe der höchste Berg der Welt, möglich, wenn wir lernten, auf die Sauerstoffausrüstung zu verzichten. Die mit reinem Sauerstoff gefüllten Stahlflaschen wogen damals je sieben Kilogramm. Sieben Flaschen wurden 1978 üblicherweise pro Alpinist eingesetzt, um bis zum Gipfel und zurück zu kommen.

Dieses Gewicht plus Zelt, Schlafsack, Proviant, Brennstoff war nicht zu schleppen. Also wollten Peter und ich auf die Flaschen als Hilfsmittel verzichten, um schnell und leicht steigen zu können. Alle Everest-Besteiger vor uns hatten auf den zusätzlichen Sauerstoff zurückgegriffen. Unser Erfolg beruhte zuletzt nur auf dem Mut, es ohne zu wagen. Der Verzicht machte es zur Sensation.

Gleich anschließend bestieg ich den Nanga Parbat über eine neue Route in der Diamir-Flanke und im Alleingang. Ich war mit nur sechzig Kilogramm Expeditionsgepäck in Südtirol gestartet, hatte beim Anmarsch große Umwege zu machen und beim Abstieg einen 48-stündigen Wettersturz zu bestehen. Orientierung unmöglich.

Eine weitere und für mich letzte Steigerung war die Doppelüberschreitung zweier Achttausender: Gasherbrum II

1978 am Gipfel des Nanga Parbat

53

und Gasherbrum I. Hans Kammerlander und mir gelang es, die beiden Gipfel im Rahmen einer einzigen Bergtour zu erreichen, ohne zwischendurch in einem Lager ausruhen zu können. Es waren fünftausend Höhenmeter Aufstieg, ebenso viele im Abstieg, dazu fünfzehn Kilometer Kletterstrecke. Nur die maximale Reduktion von Ausrüstung und Proviant auf das Notwendigste machte es möglich. Auf zwei Rucksäcke verteilt hatten wir alles dabei, um zwei Wochen lang zu überleben – auf sechstausend bis achttausend Meter Meereshöhe. Damit war der Verzicht als Stilmittel etabliert. Wenigstens beim Bergsteigen. Jetzt gilt es, ihn ins alltägliche Leben einzuführen, als positiven Wert für die Zukunft der Menschheit.

12   Irritation

Zurück von meinen Reisen, war ich oft irritiert, weil man überall und unmittelbar alles haben konnte. In der Wildnis hingegen war der Mangel der Normalfall gewesen. Ich konnte weder im Basislager unter der Kangchendzönga-Nordwand zum Einkaufen gehen noch in der Mitte der Antarktis. Vor dem Aufbruch in die »Heimat des Eises und der Stürme« galt es also sich einzudecken mit dem Notwendigen und alles Überflüssige wegzulassen. Nur die Reduktion erlaubte es mir, zu meinen Abenteuern in aller Welt aufzubrechen. Der Konsum gehörte immer weniger zu meiner Haltung.

Die Natur mit allen Mitteln brechen zu wollen, bricht zuletzt die Mittel, die dafür eingesetzt werden, und meist schon im Voraus den Versuch, es zu wagen. Denn die Freiheit ist nicht nur abgeschüttelter Zwang, sie belastet mit eigener Verantwortung für Entscheidungen, die einmal getroffen sind. Man kann am Zuviel davon ersticken, nie am Zuwenig.

Alle Rekordhascherei baut auf die Grenzenlosigkeit der Möglichkeiten und das Optimieren von Ressourcen und Hilfen dabei. Jede Steigerung beim Abenteuer aber bleibt Illusion, wenn sie nicht auf Reduktion aufbaut.

Heute kann man den Mount Everest als Luxusreise buchen – Komfortzelt im Basislager, gepflegte Piste und Infrastruktur bis zum Gipfel, Ärzte, Köche, Führer, Träger in den Lagern, Sauerstoffdepots bis zum Südgipfel inbegriffen. Weil aber der Aufstieg damit so vielen möglich wird, zeigt er als Massenkonsum zerstörerische Folgen. Dazu nimmt er dem Berg seine wahre Dimension: Er schrumpft mit der Länge der Kolonnen, die gipfelwärts steigen. Daher auch die Hybris der Reiseveranstalter, die ihr Angebot gleichzeitig verharmlosen – um es zu verkaufen – und heroisieren, um es erstrebenswert erscheinen zu lassen. Die Summiters dürfen sich gerne wie Edmund Hillary fühlen, wenn sie vom Gipfel zurück sind, nur haben sie einen ganz anderen Berg bestiegen als die Erstbesteiger Hillary und Tensing im Mai 1953.

13   Sinn stiften

Ich wage es, Ideen, Dingen, einem bestimmten Tun oder der Verbindung mit einem anderen Menschen Sinn zu geben. Es ist ein Privileg unserer Spezies. Auch Tiere haben ein Bewusstsein, folgen Instinkten. Sinn stiften können sie nicht.

Die Frage nach Gott lasse ich offen. Ich postuliere ihn nicht. Der Sinn des Lebens fällt nicht vom Himmel. Die Frage nach einem Jenseits bleibt im Jetzt unwichtig. Die Sinnfrage aber ist nicht nur eine Angelegenheit der Religion. Sinn stiften können wir Menschen selbst.

Wie viel einfacher wäre das Leben, wenn es einem »ewigen Sinn« folgen könnte und es damit eine »unumstößliche Ordnung« gäbe. Wenn ich diese beiden Werte also nicht immerzu neu erfinden müsste. Sinn stiften ist die halbe Anstrengung im Leben und oft die riskanteste.

Ich weiß, Jahrtausende lang wurden ausschließlich Religionsgründer als Sinnstifter anerkannt, ihre Lehren befolgt. Mir aber reicht allein schon der Gang des Kosmos, um mich als Teil in ihm zu begreifen. Im Chaos, das wir nie vollständig durchschauen, und in der scheinbaren Ordnung, die wir in den Naturgesetzen zu erkennen glauben,

ist Sinn nicht vorgegeben, aber hineininterpretierbar. Damit haben sich Weise, Schamanen und Würdenträger Macht genommen. Über andere.

Der Sinn, der dem Kollektiv so zugeordnet wird, ist immer nur ein kollektiver. Der Sinn als mein ganz persönliches Gewichten ist etwas anderes: ein Geschenk. Wie ein Spielzeug, mit dem ich Personen, Dinge, Taten verzaubere, indem ich sie mir wichtig mache.

Ich halte wenig von unserer Okay-Gesellschaft, in der

sich alle gegenseitig Lebenslust, Optimismus und Gesundheit vorlügen und das Sterben ausgrenzen. Als sei Krankheit eine Sünde, Angst lächerlich und Zuversicht Pflicht. Aber auch ich gehöre zu dieser Gesellschaft. Ob ich will oder nicht.

Seit meinem »Sterbeerlebnis« 1970 am Nanga Parbat habe ich viel mehr als früher den Mut, zu meinem Leben, zu meinen Ängsten, zu meinem Sinn zu stehen. Nicht dass ich damit von allen Sterbensängsten befreit wäre. Aber die Erkenntnis, dass nichts und niemand außer mir selbst meinem Leben Sinn gibt, setzte sich endgültig durch. Ist sie banal?

Ich versuche, mein Leben mit einem individuellen Bewusstsein zu führen, wie überbelichtet manchmal. Dabei will ich keine anderen stören. Nur so kann ich ausgeglichen, zufrieden, friedvoll sein. Meiner Erfahrung nach werden Menschen vor allem dann unfriedlich und aggressiv, wenn sie nicht ihr eigenes Leben führen dürfen; wenn sie ihre Gefühle, ihre Ängste, ihre Träume unterdrücken, wenn ihnen der Sinn ihres Daseins von außen aufgepfropft wird. Von wem auch immer.

Das heißt nicht, dass der Sinn, den ich meinen Taten gebe, alles rechtfertigt. Wir Menschen leben heute zu so vielen auf einer begrenzten Erde, dass ich nur darüber staunen kann, wie perfekt unsere Verdrängungsmechanismen den großen Gefahren gegenüber funktionieren: den globalen ökologischen (Schwinden des Ozonfilters, Erderwärmung, Vermüllung der Ozeane, rasante Klimaveränderung) und den sozialen Herausforderungen gegenüber (Überbevölkerung, Ressourcenverbrauch, Völkerwande-

Festakt zur Wiedereröffnung von Schloss Juval

rungen). Es ist, als ob eine ganze Beschwichtigungsindustrie – Werbung, Greenwashing – damit beschäftigt wäre, Ängste und Tatsachen in diesem Zusammenhang zu verdrängen. Neben echten und selbstgerechten Umweltschützern sowie Wissenschaftlern fragen heute vielfach Kinder voller Angst, ob die Erde noch zu retten ist. Wo in der Politik sind die Sinnstifter, die fähig wären, die ökologischen Fragen anzupacken, wie andere in der zweiten Hälfte des 19. Jahrhunderts die soziale Frage in Europa angepackt haben?

Wenn es um Tod und Leben geht, springt dich die Angst an, oft schon im Vorfeld eines zu wagenden Abenteuers. Und parallel dazu die Sinnfrage. Meine wiederholten Grenzgänge haben insofern mit Angstlust zu tun, als sich zwischen Kreativität und Angst der Sinn schiebt.

Angst gehört zum Grenzgang wie das Risiko. Sie ist ein Signal für eine konkrete Bedrohung. Je sensibler ich für sie bin, umso besser kann ich Gefahren vorbeugen, ausweichen, begegnen. Ich hatte nie Probleme damit, die Angst als Teil meiner Gefühle anzuerkennen. Auch belächle ich die Ängste der anderen nicht. Solange ich aber nach rationalen Erklärungen für die Angst suche, finde ich Ausreden, aber keinen Sinn. Erst indem ich gehe, steige, handle, löse ich die Sinnfrage auf.

Das leidenschaftliche Bekenntnis aller Grenzgänger zum Leben, beginnend bei der sprichwörtlichen Diesseitigkeit des homerischen Menschen, ist Ausdruck der Lust, die, durch Angst gesteigert, ohne Rückfrage als sinnvoll empfunden wird. Angesichts des Absurden, des Nutzlosen erscheint Sinnhaftigkeit. Ob dieses spontane Sinnerlebnis zu einer nur kurzfristigen scheinbaren Sinnhaftigkeit führt oder das intellektuelle Sinnproblem nachhaltig verblassen lässt, weiß ich nicht.

Ich weiß aber, dass ich mich bei oder nach starken Erfahrungen nicht frage, wozu ich lebe. Es ist dann, als könnte ich den Sinn spüren, in jeder Faser meines Körpers, in jedem Winkel der Wildnis. Ich erblicke ihn wie einen klaren Gedanken. Nicht der Grenzgänger also stellt die Welt auf den Kopf, sondern derjenige, der sich mit allem, was ihm lieb und teuer ist, rundum versichert.

Über diese Art Sinnerfahrung hinaus gibt der Mensch Sinn, wenn er gewichtet. Und zwar jeder Einzelne. Indem ich etwas – ein Tun, eine Sache, eine Idee, einen Menschen – wichtig, schön oder faszinierend finde, mache ich es, sie, ihn sinnvoller. Wir haben nicht nur das Recht, sondern die Pflicht, Sinn zu geben. Sinn braucht nicht gesucht zu werden, denn er ist nicht zu finden. Er kommt auch nicht von allein. Er wird gegeben, gestiftet. Von uns.

Dabei ist »sinnvoll« nicht gleichzusetzen mit »nützlich«. Mein Tun als Grenzgänger war und bleibt nutzlos. Trotzdem war es sinnvoll. Wenigstens für mich. Es hängt immer auch von meiner Stimmung ab, von meinem Identifikationsvermögen, vor allem von meinem Einssein mit meinem Tun, wie stark ich selbst sinngeladen bin. Und wie stark ich umgekehrt meine Mitmenschen und mein Tun mit Sinn auflade.

Ich habe nie verstanden, warum so viele Menschen irgendwelchen Sekten verfallen, in Religionen ihren Lebenssinn suchen, nach eindeutigen Sinnvorgaben hungern. Sich den Sinn von anderen vorgeben zu lassen, macht blind. Ich behaupte nicht, dass Religionen falsch sind. Als Soziallehren waren sie für bestimmte Gruppen eine Zeitlang von großer Wichtigkeit. Aber Sinn will ich vor allem in mir selbst greifen können.

Gerade das Nutzlose, am Ende Absurde, am Grenzgang

zwingt zum Sinnbegreifen. Oft, wenn ich unterwegs war –
in schwierigen, kritischen Augenblicken, aber auch am
frühen Morgen bei Sonnenaufgang oder beim Zurückkommen aus lebensfeindlichen Regionen zum ersten flie-
ßenden Wasser, zu den Blumen –, gab es keine Fragen
mehr zu stellen. Weil ich die Antwort selbst war. Weil alle
Zweifel aufgehoben waren durch mein Da-Sein, durch
mein Tun, durch dieses mein Zurückkommen. Der Sinn
in mir war definiert durch das, was ich tat, auch wenn es
nutzlos war.

Der Sinn des Selbst, meines Lebens, liegt bei Durch-
gängen im Grenzbereich nicht mehr nur im Kopf. Das ist
intuitiv spürbar. Im Über- oder Unterbewusstsein sind
Außen- und Innenwelt vitaler verknüpft. Das führt den
Menschen zu einem naiven Verständnis seines Einsseins
mit dem Kosmos. Ob dies nur durch Ausschalten der Ratio
möglich ist? In solchen Momenten jedenfalls wird das Ich
zum Selbst, und der Tod ist nicht mehr das schreckliche
Ende. Danach ist der Tod zwar noch immer der Tod, aber
mit anderer Bedeutung.

Anders bei Menschen, die nach einem kollektiven Sinn
handeln. Sie fühlen sich in Gruppen, Verbänden und Insti-
tutionen geborgen und sicher. Ihr Sinn kommt aus der
Gemeinschaft. Einer allein in der Wildnis hingegen lernt
rasch, mit sich selbst zu reden, und plötzlich bist du dabei
zwei.

So sehr ich davon überzeugt bin, dass Grenzgänge die
»Eroberung des Nutzlosen« sind, so sehr zweifle ich an der
Nützlichkeit allen menschlichen Tuns. Was bringt im End-
effekt der menschlichen Gesellschaft oder gar dem Kosmos

Nutzen, was Schaden? Der Sinn jedenfalls ist wichtiger als der Nutzen. Damit möchte ich das Nutzlose relativieren, den Sinn betonen: Ich lebe nach Prämissen der Sinnhaftigkeit, Nützlichkeit ist sekundär. Eine Grenzerfahrung aber darf nicht Anekdote bleiben – sie muss erschüttern.

Bei der Lektüre des Romans »Die Entdeckung der Langsamkeit« von Sten Nadolny wird der Polarforscher John Franklin, der zuletzt mit seiner Mannschaft unterging und verschollen blieb, nicht nur lebendig, als wäre man mit dabei, er wird als Sinnstifter sympathisch. In einem Tun, das außerhalb jeder Vernunft angesiedelt ist, das scheinbar jeden Sinns entbehrt, ist er der ruhende Pol, um den sich die Tragödie dreht. Obwohl es am Ende ausschließlich ums Überleben geht, liegt der Sinn nicht in der Arterhaltung: »Fähigkeiten, die nicht angewandt sind, existieren nicht.« Die Frage nach dem »Survival of the fittest« ist in diesem Zusammenhang nicht zu stellen.

Wir alle, ob wir wollen oder nicht, geben einem Menschen, einer Tätigkeit, einem Ziel oder uns selbst mehr oder weniger Gewicht, mehr oder weniger Sinn.

Die Schizophrenie zum Beispiel kann Überlebenshilfe sein. Wenn ein anonymer Er durch das Ich spricht, könnte ich unter gewöhnlichen Umständen daran irre werden. Diese Spaltung meines Geistes aber, in unserem alltäglichen Leben als Krankheit bezeichnet, war mir nicht nur einmal Hilfestellung, ja Voraussetzung, um durchzukommen. Am Nanga Parbat 1970, am Kangchendzönga 1982 erlebte ich Momente des Verlorenseins und die Erscheinung eines »dritten Mannes«. Ich wurde geführt und getröstet. Unser Geist also reicht weit über die rein praktischen Sinnfragen im Leben hinaus. Nicht nur einmal bin ich aus einer kaum zu überlebenden Situation durch Halluzinationen gerettet worden. Obwohl mir dabei Hoffnung vorgespielt wurde, für die es keinerlei Berechtigung gab, fühlte ich mich auch hinterher nicht genarrt.

Ich weiß heute, dass wir kein unzerstörbares Etwas sind, sondern im Prozess des Verschwindens lernen können. Wir sind ein wandelbarer Zustand. Auch deshalb habe ich vor dem Leben ebenso wenig Angst wie vor dem Tod und möchte möglichst uneingeschränkt sein.

Ich wiederhole: Bergsteigen ist für mich nicht primär Flucht aus den großteils unerträglichen Ballungszentren mit den Bedingungen der westlichen Industriegesellschaft. Bergsteigen heißt für mich Sinn schöpfen. So wie ich Wasser aus der Quelle schöpfe, schöpfe ich Sinn aus dem Tun im Hier und Jetzt. So passiert gelingendes Leben.

Warum geht einer freiwillig in die Grenzbereiche menschlicher Überlebensmöglichkeit, an die Grenze seiner Leistungsfähigkeit, wenn er mehr hat, als er zum Leben braucht? Vielleicht aus den gleichen Gründen, weshalb jemand überhaupt Leistung sucht: aus Ehrgeiz, Eitelkeit, Lust. Wenn die Grundbedürfnisse des Lebens befriedigt sind, bleibt uns Zeit und Kraft zu spielen, unsere Energien, unsere Ideen, unsere Fähigkeiten auszuprobieren. Dafür ernten wir Selbstwertgefühl, Lebenslust und Glück. Vor allem Sinn.

Man kann einen Menschen nicht lehren, zufrieden oder gar glücklich zu sein. Man kann Lebensfreude nicht kaufen, obwohl sie überall angeboten wird. Auch Existenzerfahrung wird uns nicht geschenkt. Das alles muss man erleben. Ich kann es am besten in der Wildnis. Der Sinn, den ich zuordne, bleibt aber nicht ewig haften. Ich kann ihn wieder wegnehmen, verlieren, vernichten.

Ich bestehe aus Erinnerungen. Mehr noch bestehe ich aus Tagträumen. Vielleicht gelingt es mir deshalb so leicht, schwierige Momente zu vergessen und neuen Grenzgängen Sinn zu geben. Es ist viel mehr das Leben vor mir, das mich packt, als der Tod, den ich wieder einmal hinter mir gelassen habe. Warum ich mich wieder und wieder für Grenzgänge entschieden habe und nicht für gemütliche Abende auf dem Barhocker, hängt auch mit Lebensqualität zusammen. Nicht der Rückblick auf ein gelungenes Leben macht mich stark, es ist das Sein im Hier und Jetzt. Immer meinem Alter angepasst.

In großer Meereshöhe erlebe ich eine gesteigerte Traumaktivität. Bei langen Märschen werden zurückliegende Ereignisse zu Gefühlen. Es ist, als würde mein Erinnern neu gemischt.

Der Fußgänger als Traumtänzer, der sein Leben nicht nach moralischen Vorgaben misst, den Wert seines Tuns nicht nach Nutzen beurteilt, sondern nach ästhetischen Maßstäben, glaubt zu schweben.

Ist die Kluft zwischen Denken und Tun einmal gekittet, sind wir ganz da, ganz Sein. So entsteht Glück, Übersicht und Distanz, mehr Selbstmächtigkeit.

Die fortschreitende Entfremdung von der Natur wird mir vor allem klar, wenn ich irgendwo in der Wildnis unterwegs bin und sich Stille und Harmonie in mir ausbreiten. Dazu Erkenntnisse, die wie Bilder plötzlich aus dem Nichts auftauchen. Vielleicht habe ich deshalb oft das Gefühl zu wissen, ohne zu denken. Als sei das Unbewusste bei wachem Bewusstsein lebendiger. Es ist wie in Trance oder im Wonneschlaf. Gehäuft entstehen positive Gedanken und Gefühle, neue Ideen. *Das* gehört für mich zur Lebensqualität, nicht das Zweitauto.

Nie habe ich sinnbemüht meine Spiele gespielt. Der Sinn war die selbstverständliche Voraussetzung für meine Erfolge. Natürlich will ich mich mit meinem Tun auch ausdrücken, und ich muss immer auch gestalten. Diese beiden Notwendigkeiten aber hätten mich nicht so weit gehen lassen, wie ich immer wieder zu gehen versucht habe. Es war der Sinn, den meine Grenzgänge während des Tuns hatten, die mich und meine Welt trugen.

Ich bin überzeugt davon, dass es möglich ist, ein Unternehmensziel mit Sinn zu füllen. Trotzdem: Immun gegen Zweifel ist niemand. Auch ich stelle mein Tun manchmal infrage. Vor dem Aufbruch. Müdigkeit, lebensbedrohliche Situationen, Ausgebranntsein können die Auslöser sein. Die Zweifel aber dauern meist nicht lange an. Spätestens beim Aufbruch, beim Unterwegssein bin ich ganz vergessen in meinem Tun. Als ob es nichts Sinnvolleres auf dieser Erde gäbe. Allerdings: Es gibt keinen besseren oder schlechteren Sinn. Wer aber fähig ist, bewusst oder unbewusst mehr Sinn in sein Tun hineinzulegen, wird weiterkommen.

Später in meinem Leben habe ich andere Projekte entwickelt und in die Tat umgesetzt als in jungen Jahren, als ich Felskletterer, später Höhenbergsteiger und Grenzgänger in der Horizontalen gewesen bin. Ich wurde Forscher, Museumsgestalter, versuchte es als Filmemacher. Bei all meinem Tun aber bleibt es fundamental wichtig, dass ich mich mit meiner Sache identifiziere. Nur dann, wenn ich ihr Sinn gebe, bin ich stark. Mein Glück besteht weniger darin, dass ich in meinem Leben tun konnte, was mir entsprach, also das, was ich am besten konnte. Dass ich früh gelernt habe, Sinn zu stiften, ist wichtiger. Ich tat es lange, bevor ich darüber nachdachte.

14 Verzicht als Hoffnung

Älterwerden ist nicht nur ein schwieriger, langwieriger Prozess, das Altern ist auch ein Zustand.

Schon mit fünfundzwanzig war ich zu einem ersten Umgang damit gezwungen: Mit dem Verlust meiner Zehen konnte ich nicht mehr so gut im Fels klettern wie vorher. Auch verlor ich an Schnellkraft. Erst als ich umstieg zum Höhenbergsteigen, kehrten Begeisterung und Neugierde zurück. Meine Ausdauer konnte ich noch steigern, und die Kletterschwierigkeiten waren an den Achttausendern – auch bei Neutouren – nicht so hoch wie zum Beispiel in den großen Dolomiten-Wänden.

So wie ich bei Erstbegehungen im Fels immer auf Bohrhaken verzichtet hatte, verzichtete ich jetzt auf Sauerstoffgeräte, die als Teil von immer besseren Technologien der Naturbeherrschung und Naturnutzung das Bergsteigen erleichtert hatten. Natur aber ist weder berechenbar noch beherrschbar, und es geht zuletzt auf Kosten der subjektiven Erfahrung, wenn wir versuchen, die Natur auszutricksen.

Der Versuch der Naturbeherrschung allein lässt schon die Erfahrung und Identität des Individuums mit der Natur schrumpfen. Das Spannungsverhältnis Mensch / Berg

bleibt allein mit meiner Unterwerfung unter die Natur spürbar, wenn auch nicht definitiv aufklärbar.

Älterwerden, ja schon das Erwachsenwerden, ist ein Prozess, der uns lehrt, dass wir mit Verzicht wachsen können. Umgekehrt betrachtet: Vieles von dem, was wir haben, brauchen wir nicht. Erst mit dem Verlust von Unsterblichkeitswünschen kann jenes Vertrauen in uns wachsen, das die Hoffnung nährt, die Menschheit hätte eine Zukunft.

15   Aufgeben

Die Vorstellung, ein Leben lang das Gleiche zu tun, war mir immer schon unerträglich gewesen. So bin ich nach meiner Zeit an den Achttausendern nochmals umgestiegen: diesmal vom vertikalen ins horizontale Abenteuer.

Im Sommer 1986 durchquerte ich den Osten von Tibet: von Kanze in Kam nach Lhasa. Ich war einer legendären Geschichte auf der Spur: der-Sherpa-Völkerwanderung. Vor etwa einem halben Jahrtausend waren Clans der Sherpa (Shar = Osten, Pa = Volk: das Volk aus dem Osten) aus ihrer ursprünglichen Heimat ausgewandert, nach Westen gezogen bis in die Ebene von Tingri und von dort über den Nangpa La – einen fast sechstausend Meter hohen vergletscherten Pass – nach Solo Khumbu, wo sie sich wieder ansiedelten. Im Laufe der Jahrhunderte sind weitere Gruppen gefolgt.

Ihrem Weg folgend, fand ich nicht nur Zeugnisse dieser Sherpa-Völkerwanderung, sondern vor allem Gefallen am Unterwegssein als Fußgänger. Sich aufs Minimum zu beschränken, gehört dazu, Entschleunigung und die Bereitschaft, alles loszulassen.

Es war mir ein Leichtes, mit dem Höhenbergsteigen auf-

zuhören, auch weil ich völlig neuen Herausforderungen folgen konnte. Die Schönheit dieses Aufhörens erst machte mich frei für neue Projekte.

Zur gleichen Zeit, in der Mitte der achtziger Jahre, wurden die ersten Gruppenreisen zu den Achttausendern geführt. Die Aufstiegswege wurden von Sherpas präpariert, die Gipfel auf Pisten erreichbar. Der Tourismus schlich sich vor bis zum Gipfel des Mount Everest. Die Verbesserung der Ausrüstung, die Optimierung von Sicherungsketten, das Können der Sherpas führten in die falsche Richtung. Die höchsten und berühmtesten Berge werden heute als Konsumgut angeboten: vom Basislager zum Gipfel und zurück – Führung, Unterkunft, Verpflegung, Sauerstoffdepots, ärztliche Versorgung, persönlicher Sherpa-Betreuer inbegriffen. All inclusive also.

Ich bin ein Leben lang dem Prinzip des Aufhörens gefolgt. Aufhören zur richtigen Zeit! Nicht alle wollten mir dabei folgen – für die alpinen Vereine habe ich damit das Bergsteigen verraten. Dabei gehe ich immer noch in die Berge. Nur nicht mehr auf die höchsten Gipfel oder in die steilsten Wände. Ich war zuerst Felskletterer, dann Spezialist im Höhenbergsteigen, Grenzgänger und Forscher, Museumsgründer und Filmemacher, wobei ich ausschließlich Geschichten über Menschen am Berg oder Abenteuer in der Wildnis erzähle.

Jeder Neuanfang ist mit Unsicherheit, Zögern, ja Angst verbunden. Aber auch das Aufhören will geübt sein, der Wechsel in ein neues Spielfeld kann langwierig, das Beginnen mit etwas Neuem oft schwieriger sein, als mit dem Alten weiterzumachen. Das Hängenbleiben an alten Ritualen aber, das Festhalten an großen Erfolgen sind immer auch Zeichen schwindender Fähigkeiten und der Stagnation.

16   Falsche Vorstellungen

Alles, was ich beherrschte, was ich bis an die Grenze meines Könnens gewagt hatte, wurde nach Jahren selbstverständlich, ja banal. Trotz der Ahnung, dass ein Zurück in eine vergangene Erfolgsgeschichte nicht möglich ist, habe ich immer wieder neue Zugänge zur Wildnis und später zum Narrativ des Umgangs mit ihr gefunden.

Wenn mir eine bahnbrechende Besteigung gelingt, gilt es, den Erfolg vom Gipfel ins Tal und zurück in die Zivilisation zu retten. Nur dort ist er auch monetär etwas wert: Mit Vorträgen und dem Verkauf von Büchern habe ich früh schon meine Expeditionen finanziert.

So wie der Abstieg, sichert auch der Ausstieg das Erreichte. Während damals das Aussteigen eine verbreitete Haltung war, wurde ich zum Um- und Einsteiger und erschloss mir die Kraft des Neuen.

In allem, was ich tat, steckten Minimalismus und Verzicht. Nicht durch mehr Fremdhilfen und Komfort habe ich meine Ziele erreicht, sondern durch eine Verringerung an Aufwand, die zugleich Kostenminimierung und mehr Beweglichkeit bedeutete.

Im Weniger liegt auch die Zukunft der Menschheit. Der

blinde Konsum ist zuletzt Aufwand, Ballast und Belastung, er verhindert Entschleunigung und die Möglichkeit, die Welt hinter der Welt zu ahnen.

Es ist eine falsche Vorstellung, dass auch im Alpinismus nach den Regeln des Höher, Schneller, Weiter gemessen wird. Nur die Regel »Das Können ist des Dürfens Maß« (Paul Preuß) und der Verzicht schaffen die Voraussetzung für Qualität. Es sind nicht mehr die höchsten Berge, die die besten Alpinisten besteigen – es sind schwierigste Linien in maximaler Exposition, am Ende der Welt.

17 Fortschritt

Fortschritt und Zerstörung gehen oft Hand in Hand. Auch beim Bergsteigen. Wenn allerorten Aussichtsplattformen, Klettersteige, Aufstiegspisten gebaut werden, schrumpft die Wildnis. Im zivilen Leben hingegen schrumpfen mit der Zunahme des allgemeinen Wohlstands die natürlichen Ressourcen. Nachhaltiger Fortschritt aber zerstört nicht, er schützt.

Am Anfang jeder Bergbesteigung steht eine Idee. Dazu gehört eine Linie, die Vorstellung eines Wie und zuletzt die Tat. Nun, auch das Steigen ist immateriell. Es schafft keine Güter, keine handelbaren Leistungen, nur eine zuerst gedachte, dann gekletterte, abgleichbare Route, die nachkletterbar bleibt und Erlebnisse vermittelt, die von allen Nachsteigern anders empfunden werden. Bergsteigen zerstört nicht, verbraucht minimale Ressourcen, betreibt wenig Aufwand. Es folgt einer Choreographie und hinterlässt im Idealfall nichts. Dieses Nichts aber ist voller Geheimnisse, ein Kunstwerk, das immer neu interpretierbar bleibt. Solange es nicht dem Konsum geopfert wird. Das Nichts ist also das Beständige, die Materie vergänglich.

Aufgeregt, neugierig, staunend betrachte ich einen Berg,

dem ich zum ersten Mal gegenüberstehe. Seine Entstehungsgeschichte, die früheren Versuche einer Besteigung, die Eroberung des Gipfels gehen mir durchs Gedächtnis. Lauter Bilder von mehr oder weniger Intensität, je nachdem ob ich den betrachteten Berg selbst besteigen will oder nicht. Nicht immer und überall also geht Fortschritt mit Naturzerstörung einher. Ein Kunstwerk ist eine Erstbegehung dann, wenn nichts Greifbares von ihr bleibt.

18   Offenes Ende

M ein Leben, das sich unwiederbringlich dem Ende
zuneigt, habe ich immer wieder neu begonnen.
Noch wichtiger aber war mir schon als Bergsteiger die Reduktion in meinem Stil gewesen: schwierige neue Routen,
Alpinstil, Sologänge, Doppelüberschreitung. Nach fünfzehn Jahren der Steigerung aber wusste ich, dass ich mehr
nicht kann. Dazu hatte sich zuletzt Routine eingeschlichen.
Auch, wenn ich weiter zu den Achttausendern im Himalaja
aufgebrochen wäre, ich hätte mich höchstens wiederholen,
meine Sache aber nicht mehr besser machen können.

Dabei war es nie die Perfektion gewesen, die ich erreichen wollte, sondern die Genugtuung, eine Art Glück, das
wir vor allem in der Tat als gelingendes Leben empfinden.
Was ich erlebt und erfahren hatte, stand mir anschließend
zur Verfügung, ich musste es nicht nochmals und nochmals wiederholen. Ich musste nur lernen, mein Know-how
auf ein neues Spielfeld zu übertragen: Ideen zu Projekten
entwickeln, eine minimalistische Vorgehensweise erfinden,
das Aufbrechen wagen.

Mein Aufhören und der Neuanfang gingen also Hand in
Hand. Natürlich gab es im Vorfeld viele Fragen, Hinder-

nisse, Probleme: die Finanzierung zum Beispiel. Eine Ant-
arktisdurchquerung kostete ein Vielfaches einer Achttau-
sender-Expedition. Meine Berg-Sponsoren aber würden
ein horizontales Abenteuer nicht mittragen wollen, wusste
ich. Also habe ich mit der Verwertung vorangegangener
Reisen – Vorträge, Bücher, Fotos – das jeweils neue Projekt
finanziert. Dabei ging es mir primär immer um die Umsetzung einer Idee und erst hinterher um die Aus- und Verwertung. Mein Schlüssel dabei blieb der Verzicht in Form
von Minimalismus.

So bin ich trotz aller Risiken durch mein weiteres Leben
gegangen, ohne die Frage nach einem möglichen Ende zu
stellen. Ich hatte gelernt, mit minimalen Energie- und
Materialressourcen auszukommen und in kleinen Schritten vorzugehen. So folgte ich dem Spannungsbogen zwischen Geburt und Tod, indem ich in der richtigen Lebens-

phase das jeweils für mich Richtige tat. Nie stellte sich dabei die Frage, was dieses Leben bringt, wie lange es noch dauert – wichtig war mir das Gewagte, nicht die Antwort auf die Frage nach dem Nutzen für die Allgemeinheit. Wir werden nicht in die Welt geworfen, um zu sterben, wir werden geboren, um uns auszudrücken, mit welchen Ideen, Taten, Mitteln auch immer. Unsere Verantwortlichkeit für die Welt ist in erster Linie mit unserem Anspruch auf Ressourcen zu messen und weniger mit Erfahrungen aus gelebten Träumen.

19 Grenzenlose Weite

In den Bergen sieht man weiter, umso höher man steigt. In der Antarktis sieht man nur bis zum nächsten Wellenkamm, denn der Eisstrom fließt in Wellen vom Inneren des Kontinents zum Meer hin. In den Wüsten sind es Dünen oder Bergketten, die die Sicht verstellen und begrenzen.

Die grenzenlose Weite, die wir beim Unterwegssein in diesen Räumen empfinden, entsteht in unserem Kopf. Mit der Zeit, die wir in ständig sich wiederholenden Landschaftsbildern verbringen. Dabei springt der Horizont mit jedem Schritt weiter, und Zeit ist kein Maß mehr.

Die »Eroberung« der Pole vor mehr als hundert Jahren, die Erforschung von Gobi, Takla Makan, Ténéré in der Sahara fanden auf imaginären Wegen statt, die ich mit den Pionieren teilen konnte, als wären sie immer noch unterwegs: Nansen im Packeis der Arktis, Amundsen mit seiner Hundemeute auf dem Weg zum Südpol, Sven Hedin in den Wüsten Asiens, Scott auf seinem Todesmarsch in der Antarktis. Nicht die Distanzen, die wir zurückgelegt haben, sind von Bedeutung, es sind die Wege, die wir gegangen sind, ohne etwas zu hinterlassen.

Unsere Fußspuren hat der Wind mit Schnee oder Sand

längst zugedeckt, die Bilder aber bleiben: Shackleton mit seinen Männern auf Eisschollen im Weddelmeer driftend; der Wüstenstaub über längst verlassenen Siedlungen in der Takla Makan; eine Kamelkarawane schwer beladen mit Salz in der Sahara.

Die Grenzen des Möglichen sind inzwischen fast aufgehoben, zu Distanzen geworden: die Strecke von McMurdo bis zum Südpol wird inzwischen in Schneefahrzeugen zurückgelegt, der Nordpol ist im Eisbrecher erreichbar, der Gipfel des Mount Everest auf einer von Sherpas gebauten Piste.

Das Glück wird nicht mehr im Verzicht gemessen – auf

Komfort, Hilfen aller Art oder Erreichbarkeit –, sondern in Zahlen, die dann im Buch der Rekorde stehen, emotionslos, leer, austauschbar.

20 Die richtige Zeit

Habe ich nicht Glück gehabt, das Glück, in die beste Periode des abenteuerlichen Unterwegsseins hineingeboren worden zu sein? Ja, die Zeit der Pioniere in einer nicht aufgeschlüsselten Welt war aufregender. Meine Vorläufer aber konnten nur einige wenige Reisen in ihrem Leben unternehmen. Meine Generation konnte fast überall hinreisen, und die Wildnis war immer noch Wildnis. Man

Vater Messner vor den Drei Zinnen

musste nur dorthin gehen, wo die vielen anderen nicht waren und sich auf das Allernotwendigste beschränken. Für mich waren die großen Abenteuer ohne Verzicht nicht denkbar, weil nicht finanzierbar gewesen. So gesehen gehörte der Verzicht zu meiner Logistik wie auch zu meinem Stil.

Inzwischen sind Ausrüstung und Kommunikationsmittel leichter und effektiver geworden, die Grenzen des Möglichen haben sich verschoben. Was einst unmöglich schien, ist heute im Reisebüro buchbar. Nein, ich darf mich nicht beklagen, will auch das Schwinden von Wildnis nicht weiter thematisieren, neue Generationen haben immer die neueste Technologie eingesetzt, um ihre Ziele zu erreichen. Ausgenommen jene Abenteurer, die den Verzicht zu ihrer Lebenshaltung gemacht haben.

21 Enttäuschung und Neubeginn

Gegen Ende des Jahres 2017 bat mich meine Frau, ihre Wohnung in Meran zu verlassen. Ohne mir einen Grund dafür zu nennen. Es war eine der schlimmsten Enttäuschungen meines Lebens.

Ich schlug ihr Angebot, mir bei der Wohnungssuche behilflich zu sein, aus, wollte auch von einem Platz im Altersheim noch nichts hören. Zuerst baute ich im Schloss Juval, das damals noch mir gehörte, eine kleine, winterfeste Wohnung aus. Die Kinder waren zum Glück außer Haus, und so konnte ich, wie so oft in meinem Leben, neu anfangen.

Ich brauchte Monate, um mit dieser neuen Situation zurechtzukommen. Plötzlich, mit 75, stand ich alleine da. Aber die Erkenntnis, einer Täuschung entkommen zu sein, ließ mich Hoffnung schöpfen.

Obwohl ich nie im Leben einen Haushalt geführt hatte, kam ich mit dem Single-Leben zurecht: Es war nicht das, was ich mir für mein Alter vorgestellt hatte, aber ich wagte es: ging ab und zu zum Einkaufen, brachte den Müll ins Tal, traf Freunde. Die Familie war mir ja weggebrochen. Auch das eine bittere Enttäuschung.

Das Gefühl, getäuscht worden zu sein, wich nur in win-

Diane, Flinti und Reinhold

zigen Teilchen aus meinem Bewusstsein, und die Hoffnung, in meinem Alter nochmals eine Partnerin für ein
Leben jenseits der achtzig zu finden, blieb undenkbar. Der
Neuanfang nach dieser aufgezwungenen Trennung aber
wurde dann zum Ende der Täuschung.

Im August 2018 saß eine junge Frau auf dem Brücken-
geländer vor dem Eingangstor von Schloss Bruneck, wo ich
ein Museum zum Thema Bergvölker eingerichtet hatte. Ein
paar Stunden später tippte sie ihre Telefonnummer in mein
Handy, zwei Wochen später trafen wir uns.

Diane Messner

»Eine Wahrheit, die man von anderen lernt, hat keinen Wert; nur die Wahrheit ist wertvoll, lebendig und wirksam, die wir selber entdecken!«

Aus den Lehren des tibetischen Buddhismus

Begegnung

Im August 2018 plante ich eine einwöchige Südtirol-Reise. Im Messner Mountain Museum »Ripa« in Bruneck war ein georgisches Bergvölkerfest namens »Svaneti« angekündigt, das ich besuchen wollte. Svaneti steht für Swanetien und ist eine Region im nordwestlichen  Georgien an der Grenze zu Russland.

Ich sah mir die Stadt Bruneck an und schlenderte gemütlich zu Fuß Richtung Schloss. Ich war viel zu früh, und so hockte ich mich auf eine Holzbank gleich neben dem Schlosstor und genoss einfach den milden Sommertag und das Alleinsein.

Langsam trafen Besucher ein und sammelten sich auf der Brücke vor dem Eingang. Ich verließ meine Bank, setzte mich auf die Brüstung der Brücke und lauschte einfach den Gesprächen der Leute. Sie erzählten sich, welche Bücher sie von Reinhold Messner gelesen hatten

und was für ein Mensch er wohl sei – vermutlich sehr auf sich bedacht, ein schwieriger Egomane.

Das sich öffnende Schlosstor riss mich aus meinen Gedanken.

Reinhold Messner!

Er kam die Brücke herunter, grüßte uns freundlich und brachte eine Flasche Rotwein in sein Auto. Als er zurück zum Tor ging, musterte er mich kurz und verschwand hinter den dicken Mauern.

Nach Einlass suchte ich mir im Innenhof einen netten Platz, genoss die georgischen Köstlichkeiten und den kühlen Weißwein. Ich blieb nicht lange allein und kam mit anderen Besuchern ins Gespräch. Andrea Del Frari stellte sich mir vor, mit dem ich mich über seine Südtiroler Heimat und die Messner Mountain Museen unterhielt.

Irgendwann neigte sich der Abend dem Ende zu. Es

waren nur noch wenige Gäste da, von denen sich fast alle ein Foto mit Reinhold Messner erhaschten. Als er sich uns näherte, sagte Andrea: »Wenn du magst, mach ich ein Foto von dir und Reinhold.«

Ich ging ein paar Schritte auf Reinhold Messner zu und fragte: »Wäre ein Erinnerungsfoto recht?«

Er sah mich an und stimmte entspannt und gut gelaunt zu, was sicherlich auch etwas mit dem georgischen Wein zu tun hatte. Ich war erstaunt, wie nah er mir kam.

Als ich mich für das Foto bedankte, entspann sich ein lockeres Gespräch. Irgendwann fragte er: »Dürfte ich Ihre Telefonnummer haben?«

»Ja, sicher!«

Er hielt mir sein Telefon hin: »Das müssen Sie machen, ich weiß nicht, wie das geht!« Ich lächelte und speicherte ihm meine Nummer in sein Handy.

»Ich melde mich«, sagte er und verließ die Veranstaltung.

Weshalb wollte er meine Telefonnummer? Hatte er etwa ein Jobangebot für mich?

Am nächsten Tag endete meine Südtirol-Reise. Noch auf der Rückfahrt klingelte mein Handy.

»Hallo, Messner hier.«

Erst jetzt erfuhr ich, dass er nicht mehr in einer Beziehung war. Single? Er? Mit 74?

Er erzählte mir von den Umständen seiner Trennung und schien kaum glauben zu können, dass er in seinem Alter einen Neuanfang wagen musste. Am Ende verabredeten wir uns für ein gemeinsames Abendessen.

Drei Wochen später fuhr ich wieder nach Südtirol. In Bruneck führte mich Reinhold in ein nettes Restaurant – die neugierigen Blicke der übrigen Gäste waren nicht zu übersehen. Etwas angespannt bestellten wir gleich eine Flasche Wein und stießen auf einen netten Abend an. Lächelnd setzte ich mein Glas ab und sah ihn erwartungsvoll an.

»Kannst du kochen?«

Ich blinzelte ihn ungläubig an. Hatte er das wirklich gesagt? Verdutzt brachte ich ein knappes, aber bestimmtes »Ja« hervor.

»Ein Leben an meiner Seite ist hart, es geht meistens nur um mich. Ich arbeite viel und bin ständig unterwegs. Es reicht nicht, mit deinen schönen Augen ›blink blink‹ zu machen, ich brauche eine Praktikerin an meiner Seite!«

Was für ein erfrischendes Kennenlernen!

Da spielte also jemand von Anfang an mit offenen Karten. Wieso sollte er Zeit verschwenden? Wieso sollte er vorgeben, etwas zu sein, was er nicht war? Er hatte gerade seinen Halt verloren und suchte einen neuen. Heute, nach fast vier Jahren an seiner Seite, ist es immer noch diese direkte, ehrliche Sprache, die ich an ihm schätze.

Nach dem anfänglichen Kreuzverhör über meine praktischen Fähigkeiten kamen wir zum entspannten Teil des Abends. Interesse an alpiner Geschichte hatte ich bereits vor unserem Kennenlernen: Hans Ertl, Willo Welzenbach, Willy Merkl, Hermann Buhl – all jene Pioniere, die das Bergsteigen geprägt hatten, waren mir aus der Literatur bekannt. Aber mich interessierte noch mehr: Was trieb einen Menschen an, sich derart zu exponieren? Sich allen Gefahren, selbst dem Tod auszusetzen? Was suchte jemand am Gipfel?

Die erste Zeit

Die Entscheidung, meine eigene Ehe aufzugeben, war die schwerste, die ich je traf. Reinhold wurde gebeten zu gehen – bei mir war es anders: Ich selbst bin gegangen.

Was ist schwieriger, was schmerzhafter? Verlassen zu werden oder jemanden zu verlassen? Klar ist: Wenn ich mich aus freien Stücken von einem Menschen trenne, dann muss ich zu meiner Entscheidung stehen. Ich lasse los und den anderen wieder frei, frei sein eigenes Leben zu führen. Aber nie ist eine Trennung einfach, und wenn Kinder im Spiel sind, sind sie immer die Leidtragenden, egal wie alt sie sind.

Die Einstellung in Reinholds Umfeld zu seiner neuen Lebenssituation überraschte mich. Niemand zweifelte daran, dass er den Neubeginn schaffen würde: »Reinhold hat so viele Tiefen und Rückschläge in seinem Leben überwunden, diese Krise wird er ebenfalls meistern.« Ich dachte lange darüber nach. Hatte nicht auch er das Recht auf Trost und Verständnis?

Das Erbe hatte Reinhold schon großzügig verteilt, bevor ich in sein Leben trat. Schloss Juval erst kürzlich. Das Familienvermögen in anderer Hand – Reinhold kam damit zurecht. So nenne ich ihn liebevoll »Reinhold mit der leeren Tasche«, nach »Friedrich mit der leeren Tasche«, einem Südtiroler Landesherrn vor mehr als fünfhundert Jahren. Ein Spaß, der uns immer wieder zum Lachen bringt.

Vier Monate nach unserem Kennenlernen flogen wir gemeinsam für ein Filmprojekt der Messner Mountain Movie nach Patagonien. Rückblickend war es unsere schwierigste Zeit.

Nach der Trennung Ende 2017 hatte sich Reinhold sofort in die Arbeit gestürzt. Auch jetzt gönnte er sich kaum einen freien Tag. Das war seine Art, mit der Enttäuschung umzugehen. Völlig vertieft in seine Aufgabe als Regisseur, vergaß er alles andere um sich herum. Er fand keine Zeit für mich, nicht einmal Gelegenheit für eine Wanderung. Ich spürte: Man kann am schönsten Ort der Welt sein — wenn das Herz nicht da ist, nimmt man ihn gar nicht wahr.

Mythos Cerro Torre

Diane und Reto

Für Reinhold schien ich fast nicht zu existieren, ich fühlte mich durchsichtig. Ich saß allein am Ende der Welt mit meinem Heimweh, mit meiner Sehnsucht nach meinem Sohn Reto, meiner Familie. Ich brauchte Halt, jemanden, der mich verstand und tröstete. Reinhold hatte damals dieses Verständnis noch nicht. Wir stritten jeden Tag – eine sinnlose Anstrengung für uns beide.

Offenbar war unsere Beziehung noch nicht reif für eine gemeinsame Reise oder – wie in diesem Fall – sogar Geschäftsreise. Ich verlor all meinen Mut, all meine Hoffnung auf eine gemeinsame Zukunft. Wir sprachen von Trennung.

Aber wenn man Vertrauen schenkt, verändern sich Menschen. Wenn man liebt, verändern sich Menschen, und heute habe ich einen anderen Reinhold an meiner Seite. Und ich verstand auch: So wenig Verständnis er in Patagonien für mich hatte, so wenig hatte ich welches für ihn. Ich dachte nur an meinen eigenen Schmerz. Dass er eventuell noch an seiner Trennung zu arbeiten hatte, habe ich nicht einmal in Erwägung gezogen.

Hatte er jemanden, dem er sich anvertrauen konnte? Nie habe ich ihm diese Frage gestellt, und fast hätte uns diese beidseitige Nichtkommunikation unsere Beziehung gekostet.

Anfangs führten Reinhold und ich eine Fernbeziehung, lebten daher fast keinen gemeinsamen Alltag. Ich pendelte

Reto

zwischen Südtirol und Saarburg ganz im Westen Deutschlands und nahm langsam Abschied von meinem Sohn, meiner Familie, meinem alten Leben. Reinhold hingegen war eingebettet in seine Arbeitsstruktur und seinen vollen Terminkalender: Filme, Bücher, Vorträge. Ich war mitten hineingeworfen in seine Welt – eine mir fremde Welt.

Schnell wurde uns beiden bewusst, dass wir eine gemeinsame Lebensstruktur brauchten, die mit seinem Arbeitsalltag vereinbar war. Denn wie sollte unsere Beziehung Bestand haben, wenn wir verschiedenen Aufgaben nachgingen und uns kaum noch sahen? Einige Monate später gründeten wir ein kleines Start-up: die Messner Mountain Heritage.

Bald merkten wir, wie sich unsere Persönlichkeiten unterschieden und doch zusammenkamen. Reinhold braucht eine – besser gesagt: seine – Struktur im Alltag.

Er kann sich ganz auf eine Sache konzentrieren, aber wohlbemerkt auf eine. Nie würde er zwei Dinge gleichzeitig tun. Gedanken, Sorgen gar, macht er sich eher selten, nur, wenn es absolut nötig ist. Ansonsten *ist* er einfach. Er *ist*. Hochkonzentriert und vertieft bei all seinem Tun. Während ich allzu oft in meine Träume abschweife, bleibt er bei der Sache. Im Hier und Jetzt. Auch wenn ich es versuche, ertappe ich mich immer wieder in meiner Phantasiewelt, meinen Zukunftsgedanken. Da ich diese jedoch durchaus in die Realität umsetze, finden wir zwei wieder zusammen: Reinhold und ich. Verwirklichen unsere Träume, unsere Ideen! Das wichtigste: Wir *tun*.

Schloss Juval

Hier heißt es erst mal, einige Höhenmeter zu überwinden. Wer aufmerksam ist, dem fallen auf dem gepflasterten Weg hinauf zum Schlosstor die eingefassten Buchstaben auf: KALISHO – Tibetisch für »Hier ist gut sein«.

Hier also würden wir wohnen.

Bedingt durch die neue Lebenssituation nach Reinholds Trennung ist auf dem Schloss eine gemütliche Dachwohnung entstanden mit viel Holz, Licht, nepalesischer Kunst, tibetischen Teppichen und alten Südtiroler Bauernmöbeln. Die Kombination beider Wohnkulturen verleiht dieser kleinen Wohnung ein besonderes Flair. Über Geschmack lässt sich ja bekanntlich streiten, bei uns nicht. Ich hätte es nicht besser einrichten können.

So traumhaft und romantisch Schloss Juval für Besucher und Außenstehende erscheinen mag, so gewöhnungsbedürftig ist der Alltag. Skorpione, Schlangen, Spinnen und Tausendfüßler fühlen sich in dem alten Gemäuer nämlich auch wohl. Anderes ist zumindest ungewohnt: Die vielen Stufen halten uns beide zwar fit, sind jedoch gefährliche Stolperfallen, und Einkäufe müssen mühsam hochgeschleppt werden.

Geheizt werden nur das Wohnzimmer und das Bad, die restlichen Räume bleiben kalt. Richtig kalt. Auch warmes Wasser gibt es nur begrenzt. Ist der Boiler leer, muss man eben warten. So habe ich schnell gelernt, sparsam mit Wasser – der wichtigsten Ressource überhaupt – umzugehen.

Wir produzieren weniger Müll, kommen wesentlich länger mit Alltagsartikeln aus und merken deutlich, wie angenehm es sein kann, weniger zu konsumieren und mehr Zeit zu haben.

Lorenzo ist Hausmeister auf Schloss Juval und eine handwerkliche Koryphäe. Er kam vor zwanzig Jahren als Gastarbeiter nach Italien, und der Zufall brachte ihn mit Reinhold zusammen. Der war beeindruckt von Lorenzos Fähigkeiten als Handwerker und bot ihm an zu bleiben. Wenig später holte er seine Frau Cristina nach, und sie fanden in Südtirol eine neue Heimat. Am Fuße des Schlosses bewohnen sie ein schönes altes Bauernhaus. Efeuranken bedecken die alte Steinfassade. Geheizt wird ausschließlich mit Holz und Sonnenenergie.

Cristina unterstützt ihren Mann und ist außerdem verantwortlich für das Ticketing des Juvaler Museums. Zudem bestellt sie gekonnt und routiniert die Gärten. Sie zeigt mir, wie man Brennnesseln erntet und zu einer Vielfalt an Köstlichkeiten verarbeitet.

Während der Pandemie, als Reisen nicht möglich waren, hatten wir Zeit, selbst Hand anzulegen. Ich bestellte den Kräutergarten nach meinen Vorlieben, wässerte ihn und kümmerte mich.

Wenn man seine Nahrungsmittel selbst anbaut, seine Energie und Zeit dafür einsetzt, bekommt man ein anderes Gefühl dafür: Man geht achtsamer damit um und wirft nichts unüberlegt und voreilig weg. Wohl ist uns bewusst, dass nicht jeder das Privileg eines Gartens hat, aber jeder Mensch hat die Wahl, wie und was er konsumiert und wie er mit Ressourcen umgeht. Und allein schon das Erleben von Wachstum und Ernte verschafft eine tiefe Zufriedenheit.

Um ganzjährig von den Erträgen des Gartens und der Region profitieren zu können, kocht Cristina das heimische Obst und Gemüse ein. Äpfel, Pfirsiche, Rote Bete, Erbsen, Bohnen, Möhren und Tomaten verarbeitet sie so gekonnt, dass wir allesamt das ganze Jahr über die Köstlichkeiten von Juval genießen können. Kräuter wie Salbei, Thymian und Brennnessel werden getrocknet und als Tee verwendet. Eier und Käse holen wir vom Nachbarhof. Verena, die Bäuerin, ist preisgekrönte Sennerin, und so schmeckt auch ihr Käse. Fleisch essen wir eher selten und beziehen es von unseren Kamerunschafen, die unterhalb der Schlossfelsen ihre Weide haben. Das Trinkwasser kommt direkt vom Berg. Alles ist lebendige Nahrung.

Habe ich mal nichts vor, sitze ich einfach nur im Innenhof des Schlosses, den eine alte Himalaya-Zeder schmückt. William Robert Rowland, der Vorbesitzer von Juval, hat ihr vor fast hundert Jahren ihren Platz gegeben. William war Kolonialherr in Sumatra und Malaysia, wo er Kaffee-, Kautschuk- und Tabakplantagen erworben hatte. Anfang

des 20. Jahrhunderts rettete er das ruinöse Juval vor dem weiteren Verfall.

Im Schlosshof schaue ich mir die Skulpturen der Hindugötter an. Ganesha, der Elefantengott, ist der beliebteste Gott im Hinduismus, er symbolisiert die Beseitigung aller Hindernisse und steht für einen guten Anfang. Hanuman, der Affengott, ist der Sohn des Windgottes Marut und gilt als außerordentlich stark und mutig. Shakti ist die Göttin, die die weibliche Kraft des Universums darstellt. Wie selbstverständlich stehen sie allesamt mystisch an ihrem Platz, als hätten sie schon immer hier verweilt, im Hintergrund die schneebedeckten Berge. Efeu schlingt sich die Wände hoch, vereinnahmt langsam die alten Götter. Ein Rückzugsort für die Sinne, für mich, für uns. Ein Ort der Inspiration. Hier sammle ich Kraft für neue Ziele und Herausforderungen, hier verbinde ich mich mit der Erde.

So kalt und abweisend Juval im Winter auch sein mag, umso schöner ist es im Frühling, wenn es aus seinem Dornröschenschlaf erwacht. Es ist ein Ort, der Menschen inspiriert und träumen lässt.

Liebe

Oft sitzen wir bei einem Primitivo zusammen, philosophieren, debattieren, lachen, weinen. Diese Momente sind so intensiv! Intensiv, weil uns beiden bewusst ist, wie vergänglich, wie unwiederbringlich sie sind.

Oft brennen dann nur ein paar Kerzen. Räucherstäbchen glimmen langsam vor sich hin und verströmen diesen typischen nepalischen Geruch, den wir so mögen. Seine Gedanken springen von einer Geschichte zur nächsten. Die Vergangenheit wird lebendig, die Zukunft zu unseren Träumen. Ich liebe ihn für seine offene, natürliche Art zu denken. Selten urteilend und immer aufmerksam. Oft kommt der »Pitzacker Räuber« in ihm durch, der jede Menge Flausen im Kopf hat. Er erzählt von seiner Kindheit, seinen Eltern, dem Bruder Günther und seinem Schicksalsberg Nanga Parbat. Erzählt, wie er mit Mitte zwanzig sterbend und hoffnungslos am Fuß der Diamir-Wand umherirrte, in der Gewissheit, den Bruder verloren zu haben.

Genau dann, in diesem Augenblick, stelle ich meine Entscheidung für ihn nicht mehr in Frage. Es soll für niemanden »passen« als für mich, für uns, und es passt. Ein Gefühl, als ob einem schlagartig bewusst wird, dass jetzt alles Sinn ergibt, was gerade noch absurd schien. Und mir wird klar, dass ich nicht auf dem höchsten Gipfel der Welt gestanden haben muss, um den zu verstehen, der auf diesem gestanden hat. Ich muss dazu noch nicht einmal eine Alpinistin oder Kletterin sein. Ich muss Reinhold einfach zuhören wie er mir zuhört, verständnisvoll und nicht urteilend.

Lieben wir nur, um selbst geliebt zu werden? Ich las diesen Satz vor einigen Jahren, habe mir des Öfteren diese Frage gestellt und stelle sie mir gelegentlich immer noch. Sie ist zum Richtwert meiner zwischenmenschlichen Beziehungen geworden.

Sind wir nett zu anderen Menschen, um das zu bekommen, was wir wollen? Um schneller an unser Ziel zu gelangen? Schneller unsere Bedürfnisse zu erfüllen?

Manipuliere ich auf diese Weise meinen Partner, meine Familie, Freunde und Bekannte, um akzeptiert und gemocht zu werden?

Die meisten Menschen haben Angst vor Ablehnung,

möchten anerkannt und verstanden werden. Aber liegt es nicht an uns, uns so verständlich auszudrücken, dass der andere mich verstehen kann? Wenn ich meinem Partner meine Bedürfnisse nicht mitteile, wie soll er sie dann erfüllen können? Wenn ich ihm nicht sage, was ich brauche oder wie ich mich gerade fühle, wie soll er darauf reagieren?

Eine Beziehung mit Reinhold ist herausfordernd, ein Abenteuer. Er verlangt viel von sich selbst, von seinem ganzen Umfeld und vermutlich noch mehr von mir.

Schätzt Tugenden wie Fleiß, Ehrlichkeit und Bescheidenheit, spricht eine unmissverständliche, klare und einfache Sprache. Er hält, was er verspricht, ist selten nachtragend. Hochstapler und Ankündigungsmenschen sind ihm zuwider. Er misst die Welt an sich selbst.

Wertschätzung und Anerkennung bekommt er von außen. Lob und Bekräftigung seinerseits sind eher selten. Aber seine authentische Art inspiriert mich wortlos, allein sein Tun, sein So-Sein regt mich zum Nachdenken an.

Das Wort Liebe benutzt Reinhold nicht oft. Romantik ist für ihn oft nur Schönmalerei. Seine Form der Liebe ist die »eineindeutige Liebe«, eindeutig in jede Richtung. Das gilt auch für alle seine Projekte, denen er mit Leidenschaft und Enthusiasmus nachgeht.

Die Liebe verbirgt sich bei uns in der Stille. Die Stille bewahrt sie und lässt sie hervortreten. Sie liegt in seinem Blick, wenn wir schweigend durch die Dolomiten wandern, in der gemeinsamen Bergtour, dem gemeinsamen

Er-Leben. Sie ist ein schönes Konstrukt unserer Vorstellungen, gepaart mit vergangenen Emotionen und Erfahrungen. Sie hat viele Facetten, ist jeden Tag anders, jeden Tag neu.

»Was man nicht liebt, ist langsam dem Verfall ausgesetzt«, sagt Reinhold oft.

Wie recht er hat.

Es gibt in unserer Liebe nach wie vor Phasen, die schwierig sind. Aber für uns als Paar sind es gerade diese überwundenen Hindernisse, die uns zeigen, ob wir genügend Vertrauen zueinander haben, um im Leben eine Seilschaft zu bilden. Immer  wieder werden wir auf Probleme und Schwierigkeiten stoßen – das Entscheidende ist, wie wir damit umgehen. Vielleicht brauchen wir diese Tiefpunkte sogar, um zu begreifen, wie vergänglich das Glück ist. Um zu erkennen, wie viel wir ertragen und wie viel wir schaffen können. Vielleicht machen uns erst die Missstimmung, der Schmerz und die Trauer bewusst, wie zerbrechlich und gleichzeitig stark wir sind.

Wir wachsen in einer Gesellschaft auf, die definiert, was Liebe ist, wie sie sein sollte. In Romanen und Filmen zeigt sie sich auf ihre schönste und illusorischste Weise.

Aber Liebe ist mehr als ein Wort, das viel zu schnell und zu oft gesagt wird. Wir »lieben« gutes Essen, Schau-

spieler und andere Stars, dabei lieben wir nicht einmal uns selbst. Liebt man sich aber selbst, wird man schnell in einem Satz mit Egoismus und Narzissmus genannt. Legitim scheint lediglich die Nächstenliebe. Aber ist die Liebe ohne Selbst-Bewusstsein und Selbstliebe überhaupt möglich?

Ich war vor Reinhold, bin mit Reinhold und werde auch ohne ihn sein. Wir sind nicht voneinander abhängig, was unsere Beziehung von vielen Zwängen freihält. Ich bin und bleibe stets eine eigenständige Person in unserer Gemeinschaft – und Reinhold genauso. Wir sind lediglich zwei Menschen, die gut harmonieren und beschlossen haben, Verantwortung füreinander zu übernehmen.

Zusammenleben

Der Alltag mit Reinhold ist kein gewöhnlicher Alltag. Schon durch den Altersunterschied gibt es immer wieder Reibungen, vor allem, wenn man so intensiv zusammenlebt wie wir. Viele Dinge sind für mich selbstverständlich, die für Reinhold komplett neu sind oder ihm sinnlos erscheinen. Was für viele Diskussionen, aber auch für jede Menge Lacher sorgt. Langweilig wird es so jedenfalls nie.

Den Altersunterschied bei uns sieht man mehr von außen, als dass wir ihn spüren. Reinhold isst wenig, oft nur einmal am Tag, duscht kalt, sauniert regelmäßig und schläft viel. Er trainiert jeden Morgen – leichtes Muskeltraining –, dennoch schwinden seine Kräfte, seine Leistungs- und Leidensfähigkeit. Am Berg ist er beim Anstieg immer noch voraus, beim Abstieg und bei langen Touren bin ich wiederum ausdauernder, und mein Körper erholt sich schneller. Seine mentale und psychische Stärke ist nach wie vor sehr ausgeprägt, sein Elan und sein Tatendrang sind unverändert groß.

Reinhold scheint das Altern leichtzufallen, er genießt sogar diesen Lebensabschnitt, auf dem ich ihn begleiten

darf. Dennoch ist uns bewusst, dass er mich in Zukunft wahrscheinlich mehr brauchen wird als ich ihn. Das ist meine Form der Hingabe und Liebe zu ihm.

Über den Tod sprechen wir oft und schätzen die gemeinsame Zeit umso mehr. Reinhold hat keine Angst vor ihm, vielleicht weil er ihm schon oft nahegekommen ist. Seine Gelassenheit hilft mir oft über meine melancholischen Zukunftsgedanken – die Zeit ohne ihn – hinweg. Aber die Vergänglichkeit des Glücks ist für mich auch ein Trost. Ein Trost, weil ich weiß, dass das Leiden genauso vergänglich ist.

Natürlich ist das Zusammenleben nicht immer leicht: Wir handeln beide oft aus Gewohnheit, nach alten Mustern und Traditionen, was kein Nachteil ist, weil es uns Halt und Sicherheit gibt. Ungut wird es, wenn uns diese Muster und Traditionen daran hindern, uns weiterzuentwickeln und folglich unsere Wahrnehmung einschränken. Denn das ist das Tückische an Gewohnheiten: Man verzichtet aufs Hinterfragen, man verliert den Blick für das Neue und schätzt Situationen falsch ein.

Allerdings hatten viele Auseinandersetzungen mit Reinhold ihren Ursprung außerhalb von uns selbst. Un-

achtsamkeit und Gut-
gläubigkeit ließen es
immer wieder zu, dass
sich toxische Menschen
in unser Leben und Zu-
sammenleben misch-
ten. Wir gaben ihnen zu
viel Raum. Einige Men-
schen scheinen keinen
eigenen Lebenssinn aus
sich heraus entwickeln
zu können und bedie-
nen sich stattdessen

gerne des Lebens anderer. Auch bei diesen Menschen
sind Worte Werkzeuge: Sie haben die Macht, uns aufzu-
bauen oder zu zerstören. Wir müssen entscheiden, ob wir
das zulassen. Negative Menschen steuern nichts zu unserem Leben bei, daher sollten wir ihnen Grenzen setzen.

Früher habe ich bei Streit dramatisiert. Mich in meine
Emotionen hineingesteigert, bis hin zu filmreifen Szenen
mit viel Leid, Tränen und ohne Gewinner. Jedes Mal wie-
derholte ich die gleichen Vorwürfe, die gleichen Argu-
mente. Dabei spiegelte mein Drama nur meine eigene
Unsicherheit wider. Inzwischen wissen wir beide eine
Eskalation zu verhindern. Manches erledigt sich von
selbst, anderes sieht schon am nächsten Tag anders aus.
Wir mussten dazu einen gemeinsamen Weg finden,
eine gemeinsame Sprache, die manchmal auch ohne
Worte auskommt – weil wir uns kennengelernt haben
und nicht damit aufhören.

Durch Erfahrung weiß ich jetzt, dass eine Verbindung zwischen zwei Menschen nur funktionieren kann, wenn man ehrlich zu sich selbst ist, offen und kompromisslos – kompromisslos in substanziellen Lebensfragen. Im Alltag gehe ich dagegen gerne auf meinen Partner ein. Handelt es sich jedoch um gewichtige, essenzielle Entscheidungen, die sich nachhaltig auf mein Leben auswirken, möchte ich keine Zugeständnisse mehr machen. Alles andere würde mich unzufrieden machen – meinen Partner ebenso – und früher oder später in Vorwürfen und verletzten Gefühlen enden.

Aber auch jeder Disput bringt uns näher, vertieft unser Vertrauen, unsere Liebe. Nach jedem Streit merken wir, wie wichtig wir uns sind, wie sehr wir uns lieben. Alleine sind wir großartig, leicht, frei und voller Ideen. Alleine lieben wir uns am meisten. Alleine, wir zwei.

Reisen

Zu unseren Geburtstagen schenken wir uns Zeit – und das meistens in Form einer Reise oder eines Ausflugs. Zu meinem vierzigsten Geburtstag suchten wir uns Äthiopien als Reiseziel aus. Ein Land, das wir beide noch nicht kannten. Eine Woche lang Abenteuer, eine Woche lang nur wir zwei.

Ich buchte uns eine Lodge in den Simien Mountains, einer Hochebene im Norden des Landes. Die Lodge war sehr einfach gehalten: viel Holz und Beton. »Deko« gab es keine, sie hätte nur von der Landschaft abgelenkt. Die Sonne ging jeden Abend pünktlich hinter einem sehr spitz zulaufenden Berg unter.

Bei einem gemeinsamen Abendessen auf der Terrasse fragte ich: »Was hältst du davon, wenn wir diesen Berg da besteigen?«

»Du meinst die Pyramide?«

»Ja, genau! Wir erfreuen uns jeden Abend bei Son-

nenuntergang an diesem Anblick. Lass uns den Berg besteigen!«

Lächelnd nickte mir Reinhold zu.

Gesagt, getan.

Der Anmarsch war lang, aber nicht sonderlich beschwerlich, wir liefen durch Felder und Gebüsch. Einige Male drehten wir um und suchten nach einem möglichen Weg.

Als wir den Fuß des Berges erreichten, waren wir müde von der Hitze, doch froh, endlich mit dem Anstieg beginnen zu können. Die ersten Meter waren leicht, dann ging es in Serpentinen steil hinauf. Reinhold, geübt, voraus, doch blickte er sich immer wieder um und behielt mich im Auge. Die letzten Meter kroch ich auf allen Vieren und hielt mich an den wenigen Sträuchern fest, die mir Halt boten. Irgendwann erreichte ich schnaufend den Gipfel, nach Reinhold. Ich hockte mich hin und sah ihn nur schweigend und lächelnd an. Er berührte nur leicht und liebevoll meine Schulter. Wir redeten beide nicht. Auch Abstieg und Rückweg genossen wir beide wortlos.

Die Stille – unsere Stille – brachen wir erst wieder in der Lodge.

Später, im weiteren Verlauf unserer Äthiopienreise, besuchten wir einzelne Gehöfte und hochgelegene Bergdörfer, Menschen, die sich vollständig selbstversorgten. Die kein Fernsehen, nicht einmal Radio hatten. Und Kinder, die gern zur Schule gegangen wären, wenn sie nicht für das Überleben der Familie und der ganzen Dorfgemeinschaft arbeiten müssten. Und ich dachte, wie anders sich die Welt aus ihrer Perspektive ausnahm. Wie relativ und überbewertet die meisten  unserer Probleme waren, wie wichtig wir uns selbst nahmen.

Anfang März 2020, noch immer beeindruckt von unserer kleinen Expedition im Inneren Äthiopiens, kamen wir voller Tatendrang nach München. Bereits vor unserer Reise hatten wir aufmerksam die Nachrichten verfolgt: Corona.

Und plötzlich war alles anders. Von hundert auf null.

Gerade Reinhold, der gewohnt war, selbstbestimmt und uneingeschränkt seinen Alltag zu gestalten, war nun eingesperrt und fremdbestimmt. Ein ungewohntes, unangenehmes Gefühl.

Aber Reinhold tat sich erstaunlich leicht mit der unerwarteten Situation. Nach ein paar Tagen beschloss er, ein neues Buch zu schreiben. Mit der Hand, wie all seine Bücher. Seine Geradlinigkeit, seine Fähigkeit, sich einer neuen Aufgabe zu widmen und das Beste aus der Situation machen, empfand ich als beruhigend.

Schnell schaffte er sich eine Tagesstruktur, die er genau einhielt: morgens schreiben, mittags Spaziergang mit unserem Hund Flint an der Isar, dann einkaufen, lesen, arbeiten ... on repeat.

Vor allem das Einkaufen fing an, ihm Spaß zu machen. Er war überrascht von der Vielzahl und Vielfalt der Produkte. Verglich Preise und griff mit der Zeit immer mehr in unseren Speiseplan ein: »Diane, müssten wir das wirklich haben? Du kaufst zu viel! Wer soll das essen?«

Ich war gekränkt. Ich hatte es mit meinen eigenen Besorgungen ja nur gut gemeint.

Aber ich dachte über seine Worte nach. Hatte er nicht recht? Kaufte ich nicht wirklich zu viel und ohne nachzudenken?

Wir kamen gut durch die Corona-Zeit. Reinhold klagte nicht und passte sich schnell der Situation an. Seine zuversichtliche, positive Art machte mir den Alltag leichter. Wir nutzten die Zeit als Paar, redeten viel, genossen die Zweisamkeit und vertieften unsere Beziehung. Lernten unsere Stärken und Schwächen kennen. Seine größte ist definitiv die fehlende Geduld – man lässt ihn besser nicht warten.

Ich lernte München kennen und wir einander.

Bei einem Infoabend in der Schweiz für eine bevorstehende Antarktisreise, bei der Reinhold als Referent fungieren sollte, lernten wir Franz kennen. Franz, ein Schweizer Unternehmer, war gerade siebzig geworden. Aufgeregt stellte er sich uns vor, beim Sichausmalen der bevorstehenden Reise glänzten seine Augen. Er entschuldigte seine Frau, die krankheitshalber nicht dabei sein konnte, jedoch ebenfalls voller Vorfreude auf das Abenteuer ihres Lebens wäre. Franz erzählte stolz von seinem Unternehmen, das er mit Anfang zwanzig gegründet und sukzessive ausgebaut hatte. Über hundert Mitarbeiter, die er allesamt mit Namen kenne. Wehmütig gab er zu, dass da wenig Zeit für Familie, Freunde und Reisen geblieben sei und er »jetzt« seiner Frau »Zeit und Erleben« schenken wolle. Seine Söhne hätten vor kurzen die Firma übernommen.

Sollte man Franz jetzt sagen, dass er wegen des CO_2-Fußabdrucks, den er mit seiner Reise hinterlassen würde, besser daheimbliebe? Dass der Klimawandel seine Reise nicht mehr zuließe? Franz, der über hundert Mitarbeitern ein Einkommen, eine Lebensbasis ermöglicht?

»Bilde dich selbst, und dann wirke auf andere durch das, was du bist«, schrieb Wilhelm von Humboldt. Reisen ist vielleicht die älteste Form der Selbstbildung. Jede Reise verändert mich, verändert uns.

Wenn wir reisen, verbinden wir das Angenehme mit dem Nützlichen. Besuchen neue Orte, lernen fremde Kulturen kennen und lernen am meisten über uns selbst. Der Verzicht auf Reisen wäre eine Einschränkung an Erfahrung und Verstehen, unserer Möglichkeiten, Toleranz zu entwickeln.

Nur wenn ich fremde Kulturen erlebe, respektiere und akzeptiere, kann ich Empathie für andere entwickeln und verstehen, dass es nicht nur meine kleine Welt gibt, sondern dass jeder Mensch im Makrokosmos seinen eigenen Mikrokosmos hat. Menschen besitzen eine individuelle Intelligenz, abhängig von ihrem Lebensraum, ihrer Kultur und ihren Möglichkeiten. Auf Reisen lerne ich, wie unterschiedlich Menschen Dinge wahrnehmen und dass jeder Mensch seine eigene Wahrheit hat – wieso sollte diese weniger wahr sein als die meinige? Eigenerfahrungen sollten vorgelebt werden, nicht richtend oder diktierend sein. Wie intolerant ist es, die eigene Wahrnehmung als absolute Wahrheit anzusehen?

Und übrigens: Ich möchte nicht ankommen, ich wünsche mir, nie anzukommen. Ich wünsche mir, neugierig zu bleiben, und Reinhold wird wohl auf ewig ein Horizontsüchtiger bleiben. Immer wieder werden wir aufbrechen in diese großartige Welt.

Oft treffen wir auf unseren Reisen nach Nepal »Gestrandete« in Kathmandu. Menschen, die auf der Suche sind, auf der Suche nach sich selbst. Sie sind meistens Ende vierzig, Anfang fünfzig, verheiratet und haben Kinder. Sie sagen: »Der Alltag, mein Job, das frisst mich auf.«

Sie erzählen von dem Gefühl sich nicht verwirklicht, nicht »gelebt« zu haben. Eine Existenz für Familie, Beruf, Freunde und Bekannte geführt, aber sich selbst dabei vergessen zu haben. Selbstaufgabe für die Liebsten.

Jetzt sitzen sie hier in Kathmandu. Erzählen uns bei Lagerfeuer und Gin Tonic, dass sie ihren Job gekündigt haben, in Trennung leben und endlich das tun, was sie schon immer tun wollten: reisen, erleben, sich sinnvoll und lebendig fühlen. Wonach sie suchen? Das wissen sie nicht genau, sind aber überzeugt, es auf ihrer Reise zu finden: »Das wird sich schon zeigen.«

Ich glaube, dass man sich auch mit Familie, Beruf und Kind verwirklichen kann, wenn man die richtigen Prioritäten setzt. Dazu gehört, sich auch selbst als eine Priorität zu begreifen. Als Mensch mit einer Vorstellung davon, wie man sein Leben gestalten will, mit eigenen Träumen und Zielen. Natürlich verändern sich diese mit uns selbst, wandeln sich mit unseren Erfahrungen und Emotionen.

Aber wer von Anfang an seinen Leidenschaften, seinen Ideen und Träumen nachgeht, muss sich später nicht selbst suchen. Das ist nicht Egoismus, sondern verhindert genau diese Situation – die Situation, in der Mitte seines Lebens eine tiefe Leere zu empfinden. Ich berichte aus Erfahrung und Erzählungen anderer. Vielleicht hilft es jemandem. Vielleicht hilft es, eine Beziehung zu retten.

Verzicht

Der Massenkonsum von Billigwaren fördert die Ausbeutung von Menschen auf der ganzen Welt. Ob man diesen Konsum auf Kosten anderer Menschen möchte, kann jeder für sich entscheiden. Längst haben wir die Wahl, das zu konsumieren, was mit unseren Werten einhergeht.

Viele glauben, sich das nicht leisten zu können, aber schaut man genauer hin, ist es oft in der Summe günstiger, ein hochwertiges, langlebiges Produkt zu erwerben als ein billiges mit geringer Haltbarkeit: Nachhaltigkeit, die sogar günstiger ist.

Auch unser »digitaler Abfall« lässt sich einschränken. Rechenzentren, die unsere Daten auf riesigen Servern speichern, sind allesamt enorme Stromverbraucher. Jedes Video, Selfie oder Posting erzeugt CO_2, kostet Zeit und Energie. Eine achtsame Umgangsweise mit den digitalen Medien spart beides.

Aber es geht nicht darum, mit dem Finger auf andere zu zeigen, jemanden zu verurteilen. Sondern darum, das eigene Verhalten zu hinterfragen. Sich bewusst zu werden, wie wir uns verhalten. Nicht »die Konsumgesellschaft« zu kritisieren, sondern sich selbst.

Der freiwillige Verzicht gelingt uns nicht immer, aber immer besser. Wir geben uns Mühe, bewusst und nachhaltig zu leben, ohne uns zu kasteien, gönnen uns auch mal das »Unnötige«, das der Seele gut tut. So hat sich der Verzicht angenehm in unseren Alltag geschlichen: Je weniger wir besitzen, desto mehr Zeit bleibt uns, auch füreinander. Wir priorisieren sinnvoll und steigern so den Lebensgenuss.

Vielleicht ist das unsere gemeinsame Lebensform: der Versuch, sich dauerhaft und konsequent nachhaltig zu verhalten, ohne Selbstdruck zu erzeugen. Eine strengere Ordnung würde auf Dauer Unfreiheit und Unzufriedenheit mit sich bringen. Und gelegentliche Aktionen, nur um kein schlechtes Gewissen zu haben, sind genauso wenig sinnvoll. Wir werden auch weiterhin ab und zu Fleisch essen, zu Terminen fliegen, Produkte kaufen, die nicht CO_2-freundlich hergestellt werden können, und mit dem Auto fahren, wenn anders ein Ziel nicht zu erreichen wäre. Aber wir versuchen, ökologische Verantwortung und ein gelingendes Leben zu versöhnen.

Rituale

In unserer schnelllebigen Welt brauche ich eine Bremse, eine Erinnerung an mich selbst, und da helfen mir Rituale. Ich brauche eine kurze Pause von der täglichen Informationsflut, um meinen inneren Kompass wieder neu auszurichten.

Von unserer Juvaler Dachwohnung aus sehen wir auf den Similaun. Er ragt 3606 Meter über dem Schnalstal empor und gilt als heiliger Berg – einer der Gründe, weshalb Reinhold Schloss Juval dem Thema »heilige Berge« gewidmet hat. Ich stehe am Fenster und halte kurz inne, blicke auf den »Thron der weißen Göttin«, wie er von den Menschen hier genannt wird. Beobachte die vorbeiziehenden Wolken und lausche einfach der Natur. Oder ich zünde mir ein Räucherstäbchen an und setze mich auf den Boden, atme tief ein, denke an nichts und höre einfach der Stille zu. Diese Momente erden mich und beruhigen meinen Geist, so dass ich mich entspannt und konzentriert wieder meinen Aufgaben widmen kann.

Ein Ritual, dem ich außerdem gerne nachgehe, ist, regelmäßig ein neues Wort zu lernen. Oder in Büchern meine markierten Passagen wieder und wieder zu lesen, um mich nicht allein im fordernden Arbeitsalltag zu verlieren. Das macht Reinhold übrigens auch, er liest immer wieder in seinen Büchern, frischt seine Erlebnisse und Kenntnisse auf.

Unsere Rituale leben von der regelmäßigen Umsetzung, ansonsten würden sie ihren Wert verlieren. Es sind diese sich wiederholenden Abläufe, die uns Stabilität und Halt geben, wir schöpfen Sinn aus der Regelmäßigkeit.

»Wer ein Warum hat,

dem ist kein Wie zu schwer.«

Nach Friedrich Nietzsche

22   Zeit vor dem Tod

Ich habe meine Spielräume immer genutzt und auch jetzt, am Anfang vom Ende, habe ich noch Ideen und Projekte. Dieses Hier und Jetzt will ich weiter ausfüllen, auch nutzen. Die Zeit vor dem Sterben ist mir wieder wichtig, so wichtig, wie es die Intensität der Enttäuschung zuvor gewesen war, ja wichtiger als das Ende selbst. Mein Leben war und bleibt meine Sache und den Sinn dazu erfinde ich weiter selbst. Ich brauche weder ein Ewigkeitsversprechen dafür noch irgendeine Religion, keinen Glauben oder sonst eine Verheißung. Das Leben braucht nicht einmal eine Erklärung, es *ist*. Alle Tage anders, kreativ, wunderbar. Es nützt nichts, vergangenem Glück nachzutrauern: Wenn alles aufhört, muss es vorher einen Sinn gehabt haben. Ein gelingendes Leben zu führen ist nicht Aufgabe oder Pflicht – es ist die Kunst, Sinn zu stiften. Auch, wenn wir diesen Sinn selbst hineinlegen in unser Tun.

Was sich am Ende verflüchtigt, ist bis zuletzt Leben gewesen, Leben, das sich am Anfang langsam anreichert mit Erkenntnissen und Erfahrungen, dann flüchtiger und rasender wird. Die Zeit scheint dabei immer schneller zu vergehen, um sich am Ende wieder zu dehnen.

Tempelstadt in Bagan, Myanmar

Inzwischen nähere ich mich meinem achtzigsten Geburtstag. Diane und ich haben ein Start-up gegründet,
Messner Mountain Heritage, Reisen und Bücher entwickelt, und gemeinsam haben wir die Covid-Pandemie
durchgestanden. Wenn es wieder möglich sein wird zu rei-

sen, wollen wir endlich die »Final Expedition« starten, ein Trip um die Welt, um bei Festivals das Erbe des traditionellen Bergsteigens weiterzugeben. Die gemeinsamen Interessen, die sich ergänzenden Fähigkeiten sollen unserer Erzählung über die Berge eine neue Dimension geben.

Diane übernimmt mehr und mehr Verantwortung, ich kann mich in letzte Träume verlieren.

23 Begehren

Auf dem Jahrmarkt der Eitelkeiten zählt der äußere Schein, der mit dem Prozess des Alterns nachlässt und aufgewertet werden möchte, ehe er ganz verschwindet. Deshalb lassen sich auch alternde Bergsteiger die Haare färben, wiederholen Klettertouren, die sie in ihren Jugendjahren berühmt gemacht haben oder steigen mit achtzig auf der Piste auf den Mount Everest.

Man rivalisiert dabei nicht mit jüngeren Frauen oder Männern, das Begehren zielt auf Ewigkeit. Jung sein – weil alle es begehren, treibt es vielfachen Konsum an. Auch weil das Begehren unsere Eitelkeit stimuliert. Wie die Werbung.

Ich habe mir die Gabe erhalten, mich auch im Alter für neue Ideen zu begeistern, Ziele zu erreichen, die Träumen folgen. Dabei nicht allein geblieben zu sein, ist mein Glück. Ich bleibe neugierig auf das Ende bedacht und weniger auf Schönheitsideale oder Leistungsbeweise. Der Verzicht auf Gesichtsoperationen oder die Aufgabe des Legendenstatus fällt mir so leicht wie einst der Verzicht auf Sauerstoffflaschen.

Als lebende Legende ist es wie als Schönheitskönigin – man wird immer und überall bestaunt und ist willkom-

men. Damit aber auch dem universellen Druck der Konsumgesellschaft ausgesetzt, für die eigene Attraktivität zu sorgen, von der Kleidung bis zur Ausstrahlung. Auch diesem Fetisch – »Jung sein« – bin ich bisher mit Verzicht entkommen.

24 Tun statt Konsum

Die Welt ist ein schier unendlicher Raum von Möglich-keiten, auch Mitteln, um zu handeln, Ideen umzu-setzen. Nicht ein definierter Zweck, also für etwas aktiv zu werden, hat mich ein Leben lang getragen, sondern die Möglichkeit an sich. Im Verzicht auf technische Hilfsmittel dabei sowie durch Schonung der natürlichen Ressourcen gab ich dem Tun meinen Sinn. Natur und Mensch blieben dabei eins. So habe ich meine Sehnsucht nach Aufbruch gestillt, immer wieder neue Chancen entdeckt, Zukunft. Gewissheiten gab es nicht, aber immer mehr Möglichkei-ten. Auch weil Technologie, wirtschaftliche und medizini-sche Entwicklungen ab der Mitte des letzten Jahrhunderts das weltweite Reisen und Unterwegssein in letzten Wildnis-arealen erlaubt haben.

Das Innehalten, Entschleunigen, der Verzicht wurden Werte meines Tuns, dazu Eigenverantwortung in der Tat. Definierte Ziele sind noch kein Abenteuer, und Wunder verbringen wir alle nicht. Das Handeln aber, das Aufgehen in die Natur, ohne sie zu missbrauchen, schenkt Glück, ge-lingendes Leben, Gegenwärtigkeit.

Es war nicht Langeweile oder eine Sättigung an Kon-

Mutter Messner auf der Zanser Alm

sumgütern, die mich in meine Form des Abenteuers gelockt hatten, es war der freiwillige Verzicht auf immer mehr Konsum, der mir ein Mehr an Lebensfreude versprach und auch schenkte.

Als Kind, als Felskletterer und dann bei meinen Expeditionen ist mir der Verzicht als Lebenshilfe zugewachsen. Anfangs als Notwendigkeit, später als Selbstverständlichkeit.

Wie oft werde ich gefragt, was am Berg immer dabei sein muss. Ausrüstung: hängt ganz vom Vorhaben ab; Proviant: eine Notreserve. Besser ist es, den Körper so weit zu trainieren, dass er wenigstens einen Tag lang ohne Nahrung auskommen kann. Das Trinken ist wichtiger. Aber meist finden wir im Gebirge sauberes Trinkwasser, wo wir unsere Wasserflaschen auffüllen können. Warum also mehr als das Nötigste mitnehmen.

25   Fetisch Wachstum

Zu unserem Kulturmodell gehört das Selbstverständnis, alles immerzu und überall haben zu können. In diesem von uns selbst erschaffenen Anspruch kommen Verzicht oder Reduktion nicht vor, obwohl diese Haltung auf lange Sicht keine Zukunft hat. Auch der Staatshaushalt kann nicht Jahr für Jahr wachsen.

Wir Menschen, die wir immer mehr werden, stellen auch immer mehr her: Güter, Wünsche, Möglichkeiten. So wird unser Habitat in immer rasanterer Geschwindigkeit von einem natürlichen in ein menschengemachtes umgewandelt. Grenzen des Wachstums? Die selbstverständliche Verfügbarkeit von allem steht jeder Warnung entgegen.

Obwohl die Erderwärmung inzwischen sichtbar und spürbar ist – Gletscherschmelze, vermehrte Unwetter, Klimaverschiebung –, sind nur wenige von uns bereit, sich beim Konsum einzuschränken. In Ländern wie Brasilien oder Indien sind es viel mehr, auch weil sie ihre Armut dazu zwingt.

Bei uns, wo das Bruttosozialprodukt zum Fetisch der Industrienationen geworden ist, weil wir seit Menschen-

Vater Messner in St. Magdalena

gedenken immer mehr produzieren, ist eine Zukunft ohne Wachstum nicht vorstellbar.

Unsere Bergbauern in Südtirol lebten einst als Selbstversorger, produzierten – Getreide, Fleisch, Gemüse, Wolle, Holz –, was sie zum Leben brauchten, aber nicht mehr. Weder die Böden noch die Tiere wurden ausgebeutet, die Wälder nachhaltig bewirtschaftet. Es wurde nicht nur aufgeforstet, wo Holz geschlagen worden war, der Bauer entnahm auch nur so viele Bäume, wie wieder nachwachsen konnten, Kahlschläge waren tabu.

Mit der Arbeitsteilung und dem globalen Markt ist uns dieses Lebensmodell abhandengekommen. Wachstum ist damit eine Notwendigkeit geworden, volkswirtschaftlich unabdingbar. Sogar die Berglandwirtschaft hat sich angepasst, Genügsamkeit ist zum Fremdwort geworden, bis hinauf zu den höchsten Almregionen.

135

26   Wieder lieben

Unsere ersten gemeinsamen Monate waren für Diane und mich nicht einfach: Beide haben wir ein Vorleben, dazu kommt der große Altersunterschied und nicht zuletzt tiefsitzende Gewohnheiten. Die eine Frage aber – »Will ich diese Frau in mein Leben lassen?« – musste ich umformulieren in »Wie können wir unser Leben bereichern?«. Denn unser Zusammensein ist keine Vernunftsache, sondern der Versuch, unser weiteres Leben zu teilen. Dazu gehören die Toleranz, uns Fehler gegenseitig zu verzeihen und Fehlverhalten nicht nachzutragen. Dazu eine Vorstellung von Liebe, die nicht selbstverständlich ist. Sie will alle Tage neu gelebt werden.

Nicht unser vergangenes Leben sollte ausgeschüttet werden – das jetzt zu lebende Leben wollte mit Ideen, gemeinsamen Projekten, gegenseitigem Vertrauen und klaren Zielen gefüllt werden.

Diane und ich teilen die Begeisterung für die Berge, gehen gemeinsam wandern, besteigen auch Gipfel oder bleiben ein paar Tage auf einer versteckten Hütte im Gebirge ganz für uns. Sie lernt schnell dazu, ich werde langsamer, so ergänzen wir uns ideal. Diane ist neugierig, reist gern,

ich habe die gefährlichen Expeditionen hinter mir. So treffen sich unsere Möglichkeiten auf einer gemeinsamen Plattform.

Aber auch im Alltag finden wir mehr und mehr Gemeinsamkeiten: Geschmack beim Essen und Einrichten, bevorzugte Sinn- und Landschaftsbilder. Wir teilen uns die Arbeit, Diane begleitet mich auf Vortragsreisen und fährt mich zu Terminen. All dieses Gemeinsame, die Aufmerksamkeit füreinander, das Reden miteinander machen unsere Kunst zusammenzubleiben aus: einfach lieben.

27 Einfach erzählen

Parallel zu meinen Abenteuern habe ich die Geschichten dazu erzählt. Zuerst in Zeitungsartikeln, dann in Büchern, bei Vorträgen und zuletzt in Dokumentarfilmen. Dabei habe ich bei der Verwertung und Vermittlung nie die Form in den Mittelpunkt meines Erzählens gestellt. Es galt Abenteuer zu bestehen und – wenn die Story trug – von diesen zu erzählen. Beides tat ich mit Begeisterung, ja Leidenschaft, und mit zeitgemäßen Hilfen.

Die ersten Lichtbildervorträge – vor 55 Jahren, mit 6x6 Dias und händisch bedientem Projektor – zwangen mich, Sprachbilder für besondere Momente zu finden, einer Dramaturgie zu folgen und auf die feinsten Nuancen in der Reaktion des Publikums zu reagieren. Wie in meinen Büchern habe ich auch bei Vorträgen immer die historischen Hintergründe eingeflochten, das Narrativ zur jeweiligen Bergerschließung und die Lebenshaltung der Pioniere deutlich gemacht. Aber ohne meine subjektiven Erfahrungen wäre es unglaubwürdig gewesen.

Der Aufwand bei Vorträgen – Überblendung, Musikuntermalung, Filmclips – wurde immer mehr und kostspieliger. Bis es schließlich möglich wurde, einen fingergroßen

Reinhold als junger Vortragsredner

Stick auf Vortragsreisen mitzunehmen. Mit dieser digitalen Technik ließen sich ganze Vorträge speichern und wie Filme abspielen. Es wurde nicht meine Erzählform.

Mit der verbesserten digitalen Technik kehrte ich bei Vorträgen zur einfachen Form zurück. Die PowerPoint-

Präsentation erlaubt es, mit ganzer Konzentration bei der Geschichte zu bleiben und die Bilder ergänzend und sekundengenau zum Erzählen dazuzustellen.

Die Filme, die ich inzwischen gemacht habe – zum Cerro Torre, Nanga Parbat, Manaslu, Mount Kenya, Ama Dablam,

Mount Everest – haben jeweils ein Korrektiv zum Inhalt. Ein paar andere Dokumentarfilme sollen daran erinnern, wie es früher am Berg zuging.

Diane bedient mit Instagram die sozialen Medien. Ich beherrsche diese Technik nicht und beobachte den Ankündigungsalpinismus – nur um Likes zu generieren – mit Skepsis: Stoff für weitere Erzählungen.

28 Übers Altern

Nicht das Alter, das Altern ist das Problem, ein Prozess, der uns alle betrifft. Wie zuletzt der Tod. Das Altern kommt langsam und oft unerwartet, weil es uns alle in unterschiedlichen Gesundheitsphasen überrascht.

Ich habe kein Problem mit meinem Alter, stehe dazu und werde nicht versuchen, mit vorgetäuschter Jugendlichkeit dagegen anzukämpfen.

Die Schnellkraft und Geschicklichkeit sind nicht mehr die eines Zwanzigjährigen, die Ausdauer lässt nach, zuletzt die Leidensfähigkeit und die Lust, etwas zu wagen. Ich kann inzwischen sogar Zeit verschwenden und denke oft an meinen Großvater, wie er im Alter – immer nachmittags – über die Holzbrücke zur anderen Talseite wechselte, zum Bienenstand, um dort auf einer Holzbank zu sitzen und in die Landschaft zu schauen. Wer wenig tut, wusste er, verbraucht auch wenig und ist mit dem Wenigen zufrieden. So kam er mit sich und seinem Alter gut zurecht.

Nur meine Neugier ist mir bis heute erhalten geblieben. So ist mein Leben ein ständiges Lernen, auch weil sich mein Umfeld immer schneller verändert und chaotischer wird. Horizontsüchtig möchte ich bleiben.

Fehler werden häufiger, und ich stehe dazu, muss sie weder verdrängen noch vertuschen. Mein Verzicht besteht heute nicht mehr im Weglassen, sondern im Auflassen toxischer Beziehungen. Ich möchte die Übersicht bewahren und Fehler machen dürfen, die Handlungsfähigkeit mit meiner Frau teilen. Das Anregende in einer Ehe, wie wir sie führen, ist es, immer wieder etwas wie zum ersten Mal zu tun. Den Konsum auf das Notwendigste zu reduzieren und das Leben weiter als Chance zu sehen.

29 Geheimnis Jenseits

Die Vorstellung eines Jenseits, also von etwas, das jenseits meiner Erkenntnisfähigkeit und des allgemeinen Wissens liegt, überkam mich erstmals beim Blick in eine leere Wüste: Entschleunigung, Stille, Weite.

Weder Religionen noch die Wissenschaften haben eine nachvollziehbare Antwort auf die Frage nach dem Jenseits. Alle Versprechen auf ein Leben nach dem Tod sind für andere vielleicht Lebenshilfen, für mich sind sie Machtmittel. Ich kann und will nicht an sie glauben.

Sich selbst inmitten einer Wüste zu verlieren, die Vorstellung, selbst nicht mehr da zu sein, hat etwas Erlösendes, ja Tröstliches: außerhalb von Raum und Zeit zu stehen, Unendlichkeit und Zeitlosigkeit als eins zu erleben.

Religionen haben vielfach in Wüsten ihren Ursprung genommen, und Einsiedler haben sich in jene Räume zurückgezogen, wo sie sich verlieren konnten – im Nichts. Dieses Nichts ist frei von Raum und Zeit, offen für die Leere.

Ich respektiere alle Religionen und habe auf meinen Reisen nie Auseinandersetzungen mit Andersgläubigen erlebt, ausgenommen dort, wo Minderheiten unterdrückt wurden. In Tibet und Singkiang zum Beispiel.

Das Jenseitige stelle ich mir nicht vor, weiß es aber ohne Gesetzestexte, ohne Vorschriften, ohne Nachrichten und vor allem ohne Bürokratie. Auf sie könnte ich auch im bürgerlichen Leben verzichten, was den Verzicht in Summe zu einem Befreiungsschlag machen könnte.

30   Endlichkeit

Meine Lebenserfahrung hat mir früh schon offenbart, dass alles ein Ende hat. Das Bewusstsein von Endlichkeit ist somit Teil meiner Lebenshaltung geworden. Unser aller Leben ist endlich, weil das Leben zugleich Sterben bedeutet. »Wer nicht zu sterben gelernt hat, kann nicht leben«, sagen die Tibeter.

Wohl wissend, dass der Tod bei jedem Grenzgang eine Möglichkeit ist – zuletzt unausweichlich –, habe ich es in meinem Leben immer wieder gewagt, bis zum Äußersten zu gehen. Damit auch gelernt, mir jeweils eine neue Herausforderung zu erfinden, wenn eine Möglichkeit ausgeschöpft war. Ich habe auch freiwillig aufgehört, wenn mir ein Tun banal erschien oder mir nicht mehr möglich war.

In unseren postmodernen Gesellschaften ist es, als gäbe es den Tod nicht, auch das Jenseits wird ausgeklammert. Die irrige Hoffnung, unser Habitat irgendwann auf den Mars verlegen zu können, gaukelt der Menschheit Unsterblichkeit vor.

Fragen nach dem Scheitern unserer Spezies werden ausgeklammert. Globale Erwärmung, galoppierende Klimakapriolen, Meeresverseuchung, Ressourcenknappheit wer-

den von der Wissenschaft und Politik zwar zur Kenntnis genommen, im Kosmos aber sind sie als Tatsachen eingebaut. Natur ist absichtslos, alle Tage neu und reaktionsstark – nicht aber allein auf das menschliche Dasein ausgerichtet.

Der Untergang der Menschheit hätte nicht den Untergang des Planeten zur Folge, auch nicht das Verschwinden des Lebens von der Erde. Unser heutiger Kosmos ist weiter im Wandel begriffen, so wie er es auch vor der Menschenzeit war. Wir Einzelne können uns einschränken, in Summe aber bleibt die Menschheit mehr Belastung als Korrektiv im Chaos der Naturerscheinungen, eine Hilfe für ein Morgen sehe ich nicht. Trotzdem, jeder Verzicht bleibt eine Überlebenshilfe fürs Ganze.

31 Moralpredigt

Aufrufe zur Weltrettung höre ich heutzutage häufiger denn je. Als reichten ein paar Banalitäten, die Menschheit auf ein nachhaltiges Verhalten einzuschwören. Moralpredigten aber erreichen zwar unser Ohr, selten aber unsere Seele und Inspiration. Alles, was wir freiwillig machen – aus Begeisterung, Erkenntnissen folgend, als Teil des subjektiven Lebensstils –, trägt weiter.

Ein Problem ist mangelndes Vertrauen: in die Wissenschaft, in politische Entscheidungen, eigene Erfahrungen.

Wir Bergsteiger konnten die globale Erwärmung vor Jahrzehnten schon erkennen: am Gletscherschwund, am Schwinden des Permafrosts, an der Vegetation, die in den Alpen in immer höhere Regionen vordrang.

Wer selbst erlebt hat, wie die Natur sich verändert, bringt mehr Respekt für sie auf als jemand, der nie in der Natur war. Das urbane Leben heute bietet zwar eine Übermenge an Informationen, aber wenig emotionale Berührung mit dem, was wir Natur nennen.

Alles, was wir in den natürlichen Kreisläufen verändern, verändert unser Habitat, weshalb alle Korrekturversuche mit Vorsicht geschehen sollten.

Fototermin auf dem Dach der Zivilisation

Wer Generationsgerechtigkeit einfordert und gleichzeitig das Licht nicht löscht, Essensreste liegen lässt oder dem Wegwerfkonsum frönt, soll mir nicht mit der Moral kommen. Meine Generation hat die Welt nicht mutwillig aus dem Gleichgewicht gebracht, aber wir haben die Folgen nicht vorausgesehen.

32 Ende des Unfugs?

Warum nicht auf alles verzichten? Den ganzen »Unfug« mit dem »Abenteuer Wildnis« aufgeben: die langen Anreisen mit dem Flugzeug, die Jeep-Fahrten über holprige Bergstraßen, die Entsorgung des Mülls zuletzt. Erst als Fußgänger sind wir »ökologisch vertretbar« auf Reisen.

Ich weiß, dass wir modernen Abenteurer mit unseren Grenzgängen keinen sauberen ökologischen Fußabdruck hinterlassen. Trotzdem habe ich an die hundert Abenteuerreisen gewagt und dabei Einblicke in die Natur gewonnen, die mir sonst niemals in dieser Intensität möglich gewesen wären. Auch habe ich dabei viele Menschen, andere Lebensformen, ja einfach *das Andere* kennengelernt. Das hat mich Empathie gelehrt, Verständnis für das und die anderen. Reisen ist friedensstiftend, Erkenntnisse und Erfahrungen können geteilt werden – zum Wohle aller.

Den Vorwurf aber, die Welt für die nächsten Generationen ruiniert zu haben, nehme ich so wenig an wie die Aufforderung, in meinen vier Wänden zu bleiben. Nur das Gestaltende – mit Wissenschaft, Technik, dem Wagnis – kann unsere übervölkerte Welt im Gleichgewicht halten.

Mit Versuch und Irrtum kann der Mensch nicht nur zerstören, sondern auch heilen. Wenn wir Menschen aber mit der Hybris, die Natur beherrschen zu können, agieren, werden wir nur noch mehr durcheinanderbringen.

Wir können nicht mit Lebensmodellen von gestern auf die Probleme von heute reagieren, das Morgen aber wird auf Dauer nur mit Respekt vor der Natur zu überleben sein.

Ich selbst besaß unzugängliche Waldstücke und Land, das ich zu verantworten hatte – weder ihre Nutzung noch Unterschutzstellung wird sie retten. Also was tun? Ich habe die Verantwortung dafür abgegeben. Der Wert des Ganzen liegt nur in der Natur dieser Verantwortung. Zuletzt kann uns nur das gelingende Leben suggerieren, was richtig, was falsch ist.

33 Mein Erbe

Mein Erbe ist verteilt. Ich habe mich von den Museen (MMM) und den Bauernhöfen frühzeitig getrennt, die Stiftung (MMF) lebt weiter. Ich habe sie gegründet, um den Bergmenschen da und dort das Überleben zu sichern: am Nanga Parbat zuerst, wo mir die Einheimischen 1970 das Leben gerettet haben, in Nepal, in Südtirol.

Nicht das Erinnertwerden hat mich bei der Entscheidung, mit eigenen Mitteln und Spenden etwas Sinnvolles anzufangen, geleitet, sondern die Verantwortung für jene Einheimischen, die mich bei meinen Abenteuern unterstützt haben. Ich habe Bergschulen aufgebaut, Krankenstationen gefördert, ein Museum für die Sherpa-Clans eingerichtet, das Studium lernwilliger Kinder von Paschtunen, Sherpas oder Baltis finanziert.

Mit Diane, meiner Frau, habe ich ein Start-up gegründet, Messner Mountain Heritage (MMH), um das traditionelle Bergsteigen in die Zukunft zu tragen. Es geht uns dabei um die Haltung jener Bergsteiger, die unser Tun seit den Anfängen des Alpinismus weitererzählen. Der Gedanke der Reduktion kommt dazu.

In Zukunft brauchen wir einen anderen Umgang mit der

Museum Sherpa Himal in Namche Bazar

Natur. Vor der Zeit des Alpinismus, der mit der Aufklärung, Romantik und Industrialisierung begann, waren Berge Kulisse im Auge der Menschen. Eine neue Aufklärung tut not: Die Grenzen der Naturbeherrschung, die mein Leben lang nicht respektiert wurden, gilt es festzuschreiben, die subjektive Respektshaltung der Natur gegenüber weiterzugeben.

Mit No Limit, einer grenzenlosen Überheblichkeit der Natur gegenüber, kommen wir dem Untergang immer näher, denn menschengemachte Ausbeutung untergräbt das Überleben aller. Dieses Überleben, das ich immer wieder von Neuem geübt habe, gilt es zuallererst außerhalb der letzten Wildnisräume zu verteidigen.

34 Freiheit, Verantwortung, Sicherheit

Das Zusammenspiel der Werte »Freiheit, Verantwortung, Sicherheit« ist ein komplexes. Wenn ich ein Maximum von Freiraum einfordere, habe ich alle Verantwortung selbst zu tragen und um meine Sicherheit selbst zu sorgen. Dies gilt aber nur für das Individuum außerhalb einer Gesellschaft, die sich einen Rahmen gegeben hat, den wir Staat nennen.

In Krisenzeiten spielt ein solcher Staat eine größere Rolle als im Frieden: Der Wohlfahrtsstaat kümmert sich um die Schwächsten in der Gesellschaft, wohlhabende Bürger geben mehr oder weniger ab, ob verzichtbereit oder nicht ist sekundär. Der Sicherheitsstaat hat zuallererst seine Bürger zu schützen, und im Notfall haben alle darin und dafür Opfer zu bringen. Nicht der Zwang, die Bereitschaft dazu zählt. Gemeinsame Verantwortung und freiwilliger Verzicht auf Sicherheiten sichern zuletzt die Freiheit des Ganzen.

Unsere erbittert geführten Diskussionen um Schuldzuweisung und moralische Fragen machen die globalisierte

Bei Tonis 97. Geburtstag, mit seinem Urenkel Alberich

Welt, in der es zuallererst um Märkte geht, nicht friedlich. Unser genderneutraler Umgang mit Flugscham, Klimaneutralität oder Tierwohl schützt nicht vor Aggressoren. Vielleicht haben wir die Diskussionen falsch geführt oder Themen gewählt, die andere für Dekadenz halten. Denn Zivilisation, auch als modernes Staatswesen, funktioniert nicht als herbeigebetete romantische Vorstellung, Frieden, Freiheit und Sicherheit sind mit Argumenten allein auf Dauer nicht zu verteidigen. Funktionierende Zivilisation muss uns alle etwas wert sein: Es lohnt sich also in Notfällen, anderes – Wohlstand und Freiraum Einzelner – hintanzustellen, zu verzichten für das Gemeinsame.

35 Mülltrennung

Ich erinnere mich noch an das Knirschen des frischen Schnees, wenn ich im Winter die dreihundert Meter zum Fraß-Bauern in den Stall ging, um die Milch zu holen. Einer von uns Kindern hatte das zu machen: Tag für Tag, winters wie sommers.

Die »Laute« – Milchkanne aus Aluminium – in der Hand, schlenderten wir zum Nachbarbauern, der uns zwei Liter Milch in unser Gefäß schüttete. Zurück in unserer Wohnküche, wurde die Milch in einen Emailtopf geschüttet, die »Laute« ausgewaschen und anderntags wiederverwendet. Jahrzehnte lang.

Alles im Haushalt, im Garten oder im Hühnerstall wurde wieder und wieder eingesetzt. Geflickt, am Ende weiterverwertet. Essensreste kamen auf den Kompost und wurden zu Dünger.

Den Ausdruck Recycling kannten wir damals nicht. Heute ist Mülltrennung eine Selbstverständlichkeit, und trotzdem ist bei der Wiederverwertung noch vieles verbesserbar. Auch produzieren – das bessere Wort wäre »hinterlassen« – wir alle viel mehr an Müll als zur Zeit meiner Kindheit. Dass Milchtüten, Glas, Papier oder Konservendosen in verschiedene Tonnen gehören, haben wir verinnerlicht. Aber nicht jeder Abfall kann weitergenutzt werden. Millionen Tonnen von Verpackungsmüll können nicht recycelt werden, weil sie aus zu vielen unterschiedlichen Materialien bestehen.

Im Umgang mit Müll – dazu gehören die Verseuchungen in der Dritten Welt, das Sterben der Ozeane, die falsche Verteilung von Verbrauchsgütern – sind noch viele Korrekturen möglich. Wir sollten den nächsten Schritt jetzt wagen: das Upcycling, nach einer ersten Nutzung eines Gutes ein noch wertvolleres daraus machen. Es würde Ressourcen und Energie sparen sowie unsere Kreativität anregen, zu einem gelingenden Leben beitragen.

36   Friede durch Verzicht

Das Gebot der Stunde ist Reduktion und Innovation. Es sind viele junge Leute, die mit ihren Start-ups nach Lösungen suchen, um die globale Erwärmung zu bremsen: mit Erfindungen, verbesserter Technologie, Logistik, Einsparung fossiler Energie.

Aber es gibt auch andere, und viel mehr, die meiner Generation vorwerfen, hemmungslos mit unseren Ressourcen umgegangen zu sein, ohne zu berücksichtigen, dass der Reichtum, den sie heute genießen, genau diesem Verbrauch geschuldet ist. Ich erlebe diese konsumgesteuerten jungen Leute oft als arrogant und wenig bereit, sich in ihrem Leben der eigenen Kritik zu stellen. Sie lassen untertags das Licht brennen, angebissene Brote oder Äpfel bleiben am Küchentisch liegen, kein Bock auf Mülltrennung.

Mit dem erhobenen Zeigefinger ist ein solches Verhalten nur selten zu korrigieren, denn es braucht Selbstführung, Struktur im täglichen Ablauf und das Durchdringen der Problematik, um Ressourcenknappheit, Energieverbrauch und Klimawandel zu begreifen und gegenzusteuern. Auch mit kleinsten Gesten und Handgriffen beim Einsparen.

Über Jahrtausende hatte der Mensch keine Technologie,

Mit Hans Ertl 1981 in Sulden am Ortler

um sein Habitat zu ruinieren. Heute kann er es zerstören. In kürzester Zeit oder im Laufe von Jahrhunderten, wenn er blindlings nutzt, was nicht endlos zur Verfügung steht. Die Auseinandersetzung um seltene Erden, Energie, Wasser hat erst begonnen – der Kampf um Territorien und

Macht ist ihr vorausgegangen, er wird weitergehen, solange nationalistisch und nicht global agiert wird. Vielleicht ist unsere Empathie zu schwach, um uns wirklich als Weltbürger zu fühlen. Die Welt aber ist zuletzt nur gemeinsam zu retten.

Als Halbnomade, der ich ein halbes Leben durch Wüsten, Gebirge und leere Eislandschaften gezogen bin, habe ich immer Aufnahme gefunden, wenn ich auf andere Nomaden stieß. In der Gobi in ihren Yurten, in Tibet in Yakhaarzelten, in Iglus bei den Inuit in Grönland. Nur am Südpol, den Amerikaner seit siebzig Jahren besetzt halten, hat man mir sogar das Telefonieren ausgeschlagen.

Ich kann die aufwendigen Anreisen bei meinen Abenteuern – im Auto, Schiff oder Flugzeug – nicht entschuldigen, aber die Erfahrung, dass Nomaden anderen Nomaden aushelfen – mit Wasser, Nahrung und Information – ist es wert, sie gewagt zu haben.

Als der Mensch sein Dasein als Jäger und Sammler aufgab und sesshaft wurde – mit Äckern und Haustieren hinter Umfriedungsmauern – begann ein anderer Kampf ums Überleben: die Verteidigung des eigenen Clans auf seinem Land und zugleich die Eroberung anderer Länder. Aus den Clans erwuchsen Völker, Königreiche, Staaten und die NATO, die Erkenntnis aber, dass Frieden auch Verzicht voraussetzt, ist weiter im Schrumpfen begriffen.

37 Kartoffelkrautfeuer

Im Herbst, noch vor dem ersten Frost, wurden die Kartoffeln geerntet. Unser Acker, den wir in einer Art Kreislaufwirtschaft nutzten, lag am steilen Sonnenhang, wenig über der Talsohle. Er war nicht groß, vielleicht fünfzig mal fünfzig Meter, reichte aber, um Rüben, Kohl und vor allem Kartoffeln anzupflanzen. Wir Kinder rissen das dürre Kraut aus dem Boden, warfen es auf einen Haufen, zündeten es an und begannen die Kartoffeln, die in Zeilen angelegt waren, auszugraben. Mit eigens dafür vorgesehenen Hauen. Die ersten Kartoffeln warfen wir in die Feuer, holten sie später aus der Glut und aßen sie. Es war wie ein Ritual. In Körben, die auf dem Rücken getragen wurden, brachten wir die Ernte dann nach Hause, wo sie im Keller lagerte, bis sie verzehrt war. Nicht, dass ich bei dieser Arbeit über die Sinnhaftigkeit der Selbstversorger-Landwirtschaft nachgedacht hätte – der Kreislauf aus Pflanzen, Jäten, Ernten, Essen war einfach gelebtes Leben. Fast alle Familien im Tal taten es auf die gleiche Art, und im späten Herbst glühten überall die Kartoffelfeuer. Es war vor allem dieses Dabeisein, das Einssein mit den anderen, das Selbstverständlichkeit und Sinn ergab. Als ob Sicherheit auf Gleichheit ruhe.

Der Knirps Reinhold

Paula und Reinhold

38   Paula und Heindl

Zwei Bauernkinder im Tal, die Paula und der Heindl, kamen nicht zusammen. Es ist nicht der Anfang einer Ganghofer-Geschichte, es ist der Grund, über das Bleiben nachzudenken. Nicht über das undenkbare »Was wäre wenn?«, sondern über Verantwortung als Lebenssinn.

Paula ging mit mir zur Schule. Acht Jahre lang. Die Bauerntochter heiratete einen Bauern und blieb Bäuerin bis heute, mit einer Selbstverständlichkeit, die nie einen Zweifel zuließ. Zuerst wurde das Feuerhaus im Tal saniert, dann die Alm, wo sie die Sommer über als Kopf und Seele den Gastbetrieb führt. Sie wird es tun, bis sie nicht mehr kann. Es ist ihre Aufgabe, ihre Verantwortung.

Heindl ist ein paar Jahre älter als ich, Bergbauer mit einem Stall voller Kühe, mit Weiden, Wiesen und Wäldern, die er seit mehr als fünfzig Jahren pflegt.

Heindl war einer meiner besten Kletterkameraden. Daheim in den Geislerspitzen, im gesamten Dolomiten-Raum, am Ortler sind uns viele große Touren gelungen. Er ist auch Bergführer. Als ihm sein Vater aber den Heimathof übergab, übernahm er die Verantwortung dafür. Ohne Wenn und Aber. Er hätte auch in den Himalaja reisen kön-

Heindl, Sepp (Mayerl) und Reinhold

nen wie ich, seinen Hof verpachten und sein Geld als Bergführer verdienen.

Ich habe ein Leben als Abenteurer geführt, bin als Halbnomade um die Welt gereist und habe mich als Erzähler
ausgedrückt. Meine Bergbauernhöfe und das Schloss, dem
Verfall ausgeliefert, konnte ich mit Hilfe von Pächtern erhalten.

Unsere drei Lebenswege waren für Paula, Heindl und
mich im Rückblick selbstverständlich. Wir hadern nicht
mit dem Schicksal, wollen gar nicht auf ein gelungenes
Leben zurücksehen, tun einfach weiter, was wir tun dürfen:
einfach leben.

39   Toni und Alberich

Der Urenkel von Toni, dem Nachbarbauern auf Juval, heißt Alberich. Er geht noch nicht in den Kindergarten und ist der jüngste von drei Brüdern, die das Leben von Bergbauernkindern führen, so wie ich es aus meiner Kindheit in Erinnerung behalte. Sie sind beim Spielen auf sich selbst zurückgeworfen, bauen »Häuser« an steilen Felsen und in Bäumen, Seilbahnen und auch Iglus in Schneehaufen.

Alberich geht oft auch im Winter barfuß, am liebsten im Schnee, treibt die Schafe auf die Weide oder die Hühner in ihren Stall, holt Brennholz für die Stube. Das alles mit einer Selbstverständlichkeit, die keinen Zweifel zulässt. Einmal hat er im Überschwang die beiden Hunde – Thomas und Max, französische Bulldoggen – mit Farbe bemalt.

Das Kind weiß nichts von Verzicht, es ist ohne Absicht. Toni aber, inzwischen 97 Jahre alt, hat sein Leben lang Verzicht üben müssen. Das Leben wäre ohne nicht zu leben gewesen. Sein Hof hat nicht mehr hergegeben als Schutz und genug zu Essen. Urlaub als Erholung gab es nicht, mussten die Kühe doch täglich gemolken und versorgt werden. Toni hilft heute noch mit, hackt Holz oder gräbt

Alberich (links) und Toni in Juval

Kartoffeln aus. Was soll er sonst machen? Arbeit ist für ihn Leben und Leben Arbeit. Seit mehr als neunzig Jahren. Der Verzicht ist ihm weder Anliegen noch Pflicht, er bleibt bis zuletzt seine Lebensform.

40   Reale Einschränkungen

Es wird nach der Corona-Epidemie und dem Krieg in der Ukraine reale Einschränkungen geben müssen. Weltweit. Ob freiwilliger Konsumverzicht oder ein Mangel im Angebot dazu führt bleibt sekundär.

Wir waren – wenigstens in den Industrieländern – eine Gesellschaft der Verschwender. Wir lebten und leben größtenteils immer noch in einer Kultur, in der die Einzelnen das Recht in Anspruch nehmen zu konsumieren, wieviel immer sie können oder wollen. Leider nicht in einer Verzichtskultur, die auf Freiwilligkeit baut.

Über viele Jahrzehnte wurden wir zufriedengestellt mit kontinuierlichem Wachstum, eine materielle Beschwichtigung, die den Verzicht wegen eines Mangels im Angebot nicht thematisieren musste und wollte. Denn einer Politik, die nicht verbietet, wird so lange gefolgt, bis sie Einschränkungen durchsetzen muss.

Dass Bürger und Unternehmen Energie einsparen, wenn diese zu teuer wird, ist selbstverständlich, auch ein Tempolimit in diesem Zusammenhang ist nachvollziehbar und Effizienz wichtig.

Im Alltag aber auf Annehmlichkeiten verzichten zu

müssen, fällt schwer. Aufgezwungene Einschränkungen, vor allem Verbote oder Verpflichtungen sind unbeliebt. Trotzdem werden wir uns von einigen unserer Gewohnheiten lösen, von gewohntem Wohlstand verabschieden müssen. Es gilt die Wachstumsideologie zu hinterfragen und nachhaltigere Lebensmodelle zu entwickeln.

Neue Technologien können helfen, die Klimakrise abzufedern, schmerzfrei wird der Wandel aber nicht für uns sein. Wachsender Wohlstand kann nicht garantiert werden, die Zukunft ist offen, nur der Wandel ein Naturgesetz. Wir sollten uns darauf einstellen – auch auf Mangel und Entbehrungen.

Wir wissen nicht genau, was auf uns zukommt, wie weit Opferbereitschaft und Empathie tragen. Aber unmittelbare Erfahrungen, nachvollziehbare Gründe für Einschränkungen machen verzichtbereit. Verzicht, der freiwillige Verzicht, macht zufriedener als Konsum, und oft sind ausgerechnet jene, denen es weniger gutgeht, eher bereit, sich einzuschränken als die Gutsituierten. Paradoxerweise.

41   Nachhaltigkeit

Wir alle reden mehr über Nachhaltigkeit, als wir dafür tun. Schon deshalb verändert sich so wenig. Die Konstellation aus Ressourcenknappheit und Klimakrise ist auch mehr als komplex, dazu haben wir in unserem Alltagsleben schon Probleme genug zu lösen. Deshalb bleiben Veränderungen in der Gesellschaft träge Prozesse. Wer will Routine und Status quo schon aufgeben?

Ökologisch verträgliche Alternativen des Lebensstils lassen sich nicht mit moralischen Argumenten oder Verboten durchsetzen, sie wollen erklärt und verstanden werden. Meist gehen sie Hand in Hand mit privilegiertem Wissen. Aber ohne breite gesellschaftliche Unterstützung können Wissenschaft und Unternehmen die dafür nötige Technologie nicht entwickeln.

Sicher ist: All jene, die auf einem größeren ökologischen Fußabdruck durchs Leben gehen, werden mehr dafür zu bezahlen haben.

So sehr ich bei meinen Abenteuern auf Technologie verzichtet habe, so sehr plädiere ich für die Entwicklung einer Technologie, die uns unabhängig macht von fossilen Brennstoffen. Und Ressourcen länger und besser nutzen

Mit Leo, dem ersten Enkel

lässt. Upcycling ist ein Gebot der Stunde, ein anderes ist eine Haltung des freiwilligen Verzichts. Wissen, nicht Protest, Erfindergeist, nicht Apathie, Hoffnung, nicht Schwarzmalerei liefern uns die geistige Energie, die uns mit den menschengemachten Umwelt- und Ressourcenproblemen wenigstens teilweise zurechtkommen lassen wird.

42   Status quo

Wissenschaft ist ein ständiger Versuch, Fehler zu korrigieren und dadurch neues Wissen zu generieren. Seit der Aufklärung sind auf diese Weise viele Probleme angegangen worden. Jede Lösung von Problemen schafft zwar neue Probleme, die aber in der Folge immer weniger gravierend werden, weil sich Irrtümer erkennen und mit Kreativität korrigieren lassen. Nicht Protest, sondern effiziente Fehlerkorrektur verbessert unser Habitat.

Fortschritt, der einen Nutzen für die Gesellschaft haben soll, braucht Optimismus und den Mut, Neues zu wagen. Wo Veränderung nicht zugelassen wird, werden Problemlösungen vertagt, das Testen neuer Ideen verhindert. Das führt zu Stillstand im Status quo. Diesen aber gilt es hinter uns zu lassen und im demokratischen Diskurs Zukunft zu wagen. Wo gegen Kreativität, Fehlerkorrektur in kleinen Schritten, Anderssein nur protestiert wird, haben es neue Ideen schwer. Protestbewegungen, die das Anderssein verteufeln, haben es leichter sich zu behaupten, als solche, die Veränderung einfordern.

43   Exklusive Lust auf Abenteuer

Die Fähigkeit, den nahenden Weltuntergang in werbetaugliche Produkte zu packen, ist Mode geworden. Prunk, Protz und Glimmer, gemacht aus Weltraumschrott oder aus dem Meer gefischten Plastik, sind in. Besonders seit wir alle über Umweltschutz und schwindende Ressourcen reden. Modelabel verbinden sich mit Outdoor-Ausrüstern, um vor allem die Jugendlichen zu ködern. So stolz sie darauf sind, die Umweltzerstörung ihrer Väter und Großväter anzuprangern, so selbstverständlich stellen sie ihren Wohlstand zur Schau. Es ist ihnen nicht peinlich. Auch der Widerspruch, der darin liegt, dass diese »Verbrecher« unseren Reichtum in den Industrieländern erst mit Hilfe günstiger fossiler Brennstoffe schaffen konnten, wird nicht erkannt.

Alle wollen die Welt retten, andere werben mit Nachhaltigkeit und hochwertiger Geldanlage, kein Wunder, dass sich die Zuwachsraten bei Glitzer, Glamour und Bling Bling sehen lassen können, wie auch die bei den Konsumenten teurer Marken.

Influencerinnen, Rapper und Umweltaktivisten sind die neuen Stars. Sie erzählen ihre Geschichten mit Bildern, die

meist schwarzweiß und immer für Klimaschutz sind. Wo Exklusivität auf Abenteuerlust trifft, ist der Überschwang am größten, der Respekt vor der Natur hingegen tendiert gegen Null.

Wie am Mount Everest, wenn Hundertschaften im Gänse-marsch auf einer zuvor präparierten Piste gipfelwärts stei-

gen: in Hightech-Anzügen, beheizten Schuhen, mit Sauerstoffausrüstung und Sherpa-Hilfe. Nicht der einzelne Abenteurer ist das Problem, es sind die Massen, die unsere Welt
auch dort ihrer Geheimnisse berauben, wo wir Menschen
nicht hingehören.

Echte Neugierde aber kommt nur auf, wenn wir ins
Unbekannte vorstoßen, und die Leere dort ist zeitlos nachhaltig, wenn diese Wildnis nicht urbanisiert wird.

44 Eine sonderbare Begrüßung

We have something in common« höre ich, schaue von meinem apple pie kurz auf und sehe, wie mir ein großgewachsener Mann statt seiner Hand einen nackten Fuß entgegenstreckt. Im ersten Augenblick bin ich erstaunt, ja angewidert, dann sehe ich, dass ihm alle fünf Zehen fehlen. »Abgefroren am K2«, sagt er in der Hoffnung, meine Aufmerksamkeit zu bekommen.

Ich saß bei Kaffee und Kuchen im Garten des Kathmandu Guest House, mitten im Tamel, unterhielt mich mit meiner Frau Diane, als wir auf diese Weise mit der Gefahr des Höhenbergsteigens konfrontiert wurden.

Ein paar Daten reichten, um das Schicksal unseres Gegenübers einzuordnen: Vor der Jahrtausendwende war am K2 eine Reihe von Touristen gipfelwärts gestiegen – auf einer präparierten Piste –, als ein großes Stück vom Serac unterm Gipfel abbrach und die Fixseile weggerissen wurden. Ohne diese Steighilfen trauten sich die müden »Gipfelsieger« nicht zurück in den berühmten Flaschenhals, den sie bis zur Schulter des Berges hätten absteigen können. Von unten stiegen Sherpa auf, um zu helfen, oben wuchs die Verzweiflung, die bald zur Hoffnungslosigkeit wurde.

Ich versuche, mich in die damalige Situation hineinzufühlen, die Nahtoderfahrung meines Gegenübers zu begreifen und bewege dabei instinktiv meine wenigen Zehen, die mir nach einem dramatischen Abstieg vom Nanga Parbat geblieben sind.

Ich bin seit mehr al fünfzig Jahren Invalide, habe siebzehn Achttausender mit amputierten Zehen bestiegen und anschließend eine Reihe von Wüsten und Polarregionen zu Fuß durchquert. Mitleid war das Letzte, was ich dafür wollte. Waren es doch meine Fehler, die zu den Erfrierungen und Amputationen geführt hatten.

Das Bergsteigen ist und bleibt gefährlich, auch wenn es heute großteils auf abgesicherten Pisten stattfindet und Hubschrauberrettung bis fast achttausend Meter Meereshöhe möglich ist. Die Weiterentwicklung der Technik kann und soll nicht gebremst werden, der Hang zum Heroismus am Berg aber ist mir suspekt. Wir sind keine Helden und das Zurschaustellen unserer Wunden ist und bleibt eine Peinlichkeit. Ob wir dabei mit unseren fehlenden Fingern gestikulieren oder einen Fuß über den Tisch schieben, bleibt sekundär. Ich jedenfalls kann auf jede Fußbegrüßung verzichten.

45 Ein Gipfel gehört dir nie
(Mein Vermächtnis zuletzt)

Ein unbestiegener Berg ist geheimnisvoller als ein bestiegener. Je weniger Menschen hinaufsteigen, desto eher bleibt das Geheimnis gewahrt. Das Wichtigste dabei ist, dass man dem Berg seine natürliche Dimension lässt – dazu gehört die Gefahr. Wenn ich dem Berg die Gefahr lasse, ist Massentourismus dort nicht möglich. Sogar ein einfacher Berg ist nicht jedermann zugänglich, wenn wir ihn so belassen, wie er ist.

Der Berg wird erst zum Massenziel, wenn wir ihn in Seile oder Ketten legen, den Aufstieg präparieren, also eine Piste zum Gipfel bauen. Genau das aber ist heute das Übliche. Auf jeden Achttausender, auf die »Seven Summits«, wird jedes Jahr mindestens einmal eine Piste gebaut. Damit ist das traditionelle Bergsteigen Tourismus geworden, das Klettern mehr und mehr Sport. Es findet in der Halle statt oder an kleinen, abgesicherten Felsen.

Bergsteigen wird so seiner Erfahrungsmöglichkeit beraubt – es bleibt nur eine sportlich-körperliche Erfahrung. Es ist also nicht mehr die Auseinandersetzung mit der gan-

zen Dimension des Berges, die gesucht wird – es ist der Kick, das »summited«, Prestige also.

»Der Gipfel gehöre dir erst, wenn du wieder unten bist!«

Was für ein Klischee! Die Vorstellung – ich habe einen Gipfel in der Tasche, weil ich oben war – finde ich völlig absurd. Die Frage ist doch, welche Erfahrung habe ich dabei gemacht. Ein Gipfel gehört dir nie.

Denn wir gehen nur zeitweise hinaus in eine archaische Welt und handeln dort nach anarchischen Mustern – dort, wo nur die Menschennatur zählt. Wo es keine Regeln, keine Richter gibt. Wir sind dann Akteure und Schiedsrichter zugleich. Das Überleben in maximaler Exposition ist eine Kunst, wenn der Berg unendlich bleibt im Vergleich zu uns Menschen.

46   Herr der Burgen und Schlösser

Viele nehmen an, ich wäre der stolze Besitzer von Schloss Sigmundskron und Schloss Bruneck. Dazu gerechnet werden weitere Gebäude, in denen Satelliten der Museumsstruktur – Messner Mountain Museum (MMM) – untergebracht sind.

Dem ist zum Glück nicht so. Schloss Bruneck gehört einer Stiftung, ich habe es nur als Museum zum Thema Bergvölker eingerichtet und betrieben. Ohne Subventionen von Gemeinde, Land oder Staat. Heute führt es meine Tochter weiter, sie trägt die Verantwortung.

Ähnliches gilt für Schloss Sigmundskron, eine Burganlage, die nie fertig gestellt worden ist, dem Land Südtirol zufiel, das sie begehbar machte, auf dass ich das Herz der sechs Museen dort unterbringen konnte. Ich bin – für dreißig Jahre – eine Art Pächter. Auch diese Anlage – zehntausend Quadratmeter groß – verantwortet inzwischen Tochter Magdalena, wie die übrigen Häuser des MMM auch.

Schloss Juval war in meinem Besitz, fast vierzig Jahre lang. Ich habe es vor dem Verfall gerettet und lebe dort in einer kleinen Dachwohnung und ziemlich limitiert. Aber es gehört meiner jüngsten Tochter.

Mir ging es nie ums Haben, ich wollte gestalten, an Aufgaben wachsen. Ich werde weiterhin Ideen zu Projekten machen und sie dann umsetzen. Wie beim Abenteuer geht es um die Tat, der Traum allein trägt nicht.

Also habe ich sukzessive all meine Güter weitergegeben, im Erbschaftswege oder als Schenkung. Immer noch bleiben mir Kraft und Zeit, neue Herausforderungen anzunehmen, das Verbliebene zu pflegen.

»Was du ererbt von deinen Vätern, erwirb es, um es zu besitzen«, sagt Goethe – »und um es zu verantworten«, möchte ich dazusetzen.

Ich selbst habe nichts geerbt und bin glücklich darüber. Ich hatte die Möglichkeit, ein Leben lang meinen Leidenschaften nachzugehen und konnte mich so als Abenteurer – in der Vertikalen wie in der Horizontalen –, als Bergbauer, Museumsgestalter, Filmemacher und Geschichtenerzähler ausdrücken.

Natürlich brauchte ich Geld, um meine Projekte zu finanzieren. Nicht nur meine Expeditionen waren im wirtschaftlichen Sinn riskant, in mein Museumsprojekt habe ich all meine finanziellen Ressourcen gesteckt, dreißig Jahre lang. Froh darüber, die Verantwortung dafür heute abgeben zu können, habe ich mit meiner Frau Diane ein kleines Unternehmen gegründet, die »Messner Mountain Heritage«. Jetzt geht es ums geistige Erbe, das ich weitergeben möchte.

47 Die Mutter des Verzichts

Meine Mutter Maria, von der ich unbewusst schon auf Kindesbeinen meine Verzichtshaltung lernte, hat mit neun Kindern ein Leben in einzigartiger Bescheidenheit geführt. Sie hat sich um alles gekümmert und für sich nichts gefordert. Alle meine Brüder sind Akademiker geworden, alle haben wir von unserer Mutter die Lebenshaltung der Selbstbeschränkung verinnerlicht.

Ihr möchte ich dieses Buch widmen – aus Dankbarkeit. Sie hat die Grundlage für meinen Erfolg gelegt als Eroberer des Nutzlosen.

Die wichtigste Konstante in meinem Leben ist der Verzicht. Nicht der Verzicht als Selbstbeschränkung, aber der Verzicht als Möglichkeit, als Inspiration. Und diese Verzichtshaltung ist auf andere Lebensbereiche übertragbar. Immer wieder bin ich bei meinem Tun umgestiegen, habe mich neu erfunden und dabei aus einer Verzichtshaltung heraus neue Ideen entwickelt und umgesetzt.

Nicht, dass ich mein Tun als Ganzes in Frage gestellt hätte, so nutzlos es manchmal erschienen sein mag – der Verzicht auf Absicherung, auf Steighilfen, auf Ratgeber machte es mir sinnvoll. In der Reduktion erkannte und er-

Mutter Messner an den Drei Zinnen

kenne ich Sinn. So ließ mir der Verzicht immer wieder Flügel wachsen. Statt sie mir von Kritikern stutzen zu lassen.

Meine bescheidene Herkunft hat mir das Immermehr nicht in Aussicht gestellt. Aber nicht deshalb habe ich auf ein Immerweniger gesetzt: Es waren selbst gestellte Aufgaben zu Herausforderungen geworden, die ich auch finanzieren musste. Wegen meiner begrenzten Mittel lernte ich sie auf meine Weise zu lösen: als Kletterer, Bergsteiger, Museumsgestalter, Erzähler. Ein Leben zwischen Selbstverschwendung und Selbstzerstörung findet nie im Konsum seine Entfaltung, sondern im Tun, im »Machsal«.

Meine Mutter, die uns Kinder bedingungslos geliebt hat, ist seit 27 Jahren tot. Das Wunder, dass ich mich mit 75 noch einmal verliebt habe, verdanke ich Diane, dem Mädchen von der Schlossbrücke, die mir inzwischen von Saarburg nach Südtirol gefolgt ist und ein Leben teilt, das alles

andere als einfach ist. Sie macht mir das Altern leicht und hebt mich über alle Enttäuschungen hinaus. Ihre Kunst ist es, einfach zu leben, zu lieben. Ich fühle mich angekommen. Endlich habe ich jene späte Liebe erfahren, von der ich nicht mehr zu träumen gewagt hatte. Zu zweit sind wir frei für eine Zukunft, in der der Verzicht ein Leichtes ist.

Die Angst vor dem Tod,

hat mich in die Einsamkeit

der Berge getrieben

Wieder und wieder habe ich

über die Ungewissheit der Todesstunde

meditiert und so die Festung

der unsterblichen, unendlichen Natur

des Geistes erobert

Jetzt ist es mit aller Angst

vor dem Tod aus und vorbei

Milarepa